A FÍSICA DO SUCESSO

Natalie Reid

A FÍSICA DO SUCESSO

5 passos que podem mudar sua vida

Tradução
Marilene Tombini

NOVA ERA

CIP-BRASIL. CATALOGAÇÃO-NA-FONTE
SINDICATO NACIONAL DOS EDITORES DE LIVROS, RJ

R284f
Reid, Natalie
A física do sucesso: 5 passos para mudar sua vida / Natalie Reid; tradução: Marilene Tombini. – Rio de Janeiro: Nova Era, 2010.

Tradução de: 5 steps to a quantum life
Inclui bibliografia e glossário
ISBN 978-85-7701-305-0

1. Sucesso. 2. Física quântica. I. Título.

10-1938

CDD: 158.1
CDU: 159.947

Título original norte-americano
5 STEPS TO A QUANTUM LIFE

Copyright da tradução © 2009 by EDITORA BEST SELLER LTDA
Copyright © 2007 by Natalie Reid

Editoração eletrônica: Abreu's System
Capa: Marianne Lépine

Todos os direitos reservados. Proibida a reprodução, no todo ou em parte, sem autorização prévia por escrito da editora, sejam quais forem os meios empregados, com exceção das resenhas literárias, que podem reproduzir algumas passagens do livro, desde que citada a fonte.

Direitos exclusivos de publicação em língua portuguesa para o Brasil adquiridos pela EDITORA BEST SELLER LTDA.
Rua Argentina, 171 – Rio de Janeiro, RJ – 20921-380 – Tel.: 2585-2000 que se reserva a propriedade literária desta tradução

Impresso no Brasil

ISBN 978-85-7701-305-0

Seja um leitor preferencial Record.
Cadastre-se e receba informações sobre nossos lançamentos e nossas promoções.

Atendimento e venda direta ao leitor
mdireto@record.com.br ou (21) 2585-2002

Para L., com gratidão e amor

Agradecimentos

Agradeço à minha amiga Laura Baxter, que passou horas incontáveis discutindo ideias quânticas enquanto tomávamos café, rindo comigo enquanto pesquisávamos as prateleiras mal iluminadas da livraria que usei como biblioteca, oferecendo seu incentivo pleno de entusiasmo durante a elaboração deste livro, dando sua opinião quando eu lia passagens ao telefone e depois editando meu trabalho com cuidado. Seus comentários eram sempre inteligentes, criteriosos, relevantes e excepcionalmente valiosos.

Agradeço à minha amiga Kris Strong pelo incentivo, comentários úteis e por fornecer os gráficos deste livro.

Agradeço a meu consultor editorial e agente de direitos internacionais, Nigel Yorwerth, da PublishingCoaches.com, e à sua sócia, Patricia Spadaro, por seus conselhos e orientações extremamente úteis sobre a apresentação e publicação deste livro.

Muito obrigada também a Carlita, pela amizade e apoio.

Sumário

Apresentação		11
1	A criação da própria realidade	15
2	De Newton ao *quantum*	25
3	O que se vê é o que se tem	41
4	A natureza do tempo	53
5	Investigar e eliminar	65
6	Cavar mais fundo	85
7	Fazer as mudanças	107
8	Interpretação dos fatos quânticos	119
9	Observar e dar forma	133
10	Dar sentido e fazer a diferença	153
Glossário		169
Bibliografia		173

Apresentação

Como outros antes de mim, quando aprendi a fazer uso de exercícios mentais e físicos, fiquei encantada ao descobrir que funcionam. Por meio de várias técnicas, consegui empregos, melhorar minha situação financeira e de meus relacionamentos. O que eu sabia era que as técnicas tinham eficácia devido a algum tipo de lei, mas não fazia ideia de que lei era essa.

Mais recentemente, passei a estudar física quântica e me surpreendi ao descobrir que essa ciência, com seus fatos frios, rígidos e inalteráveis, explica os motivos pelos quais o uso de técnicas pessoais, com base nos sentimentos psicossomáticos, realmente funciona.

Imediatamente ficou claro que esse conhecimento — de que a física quântica pode explicar a validade das técnicas não físicas — não era reconhecido em lugar algum, pelo menos não em algum lugar que estivesse a meu alcance. Certamente esse assunto não é discutido pela comunidade científica, nem pela maior parte das pessoas; simplesmente, não é um conhecimento comum. Mesmo que as ideias sobre o *quantum* sejam oferecidas na comu-

A FÍSICA DO SUCESSO

nidade espiritual/metafísica, as informações ainda não foram associadas aos exercícios psicossomáticos, nem foram apresentadas do modo como o são aqui. Visto que as descobertas do *quantum* se realizaram há quase cem anos e as teorias sobre os aspectos não físicos da vida circulam há muitos séculos, pareceu-me incrível que ninguém as tenha reunido desse modo e que tais informações já não fossem populares na sociedade atual.

~

A *física do sucesso* apresenta um campo da ciência que revela um novo retrato de como o mundo funciona. Por seu próprio exemplo, a física quântica demonstra que exercemos muito mais influência em nossa vida do que comumente é sabido. Para lhe mostrar a ligação entre a física quântica e a visão emergente do mundo, reuni o conhecimento adquirido em trinta anos de estudo nas áreas da psicologia, meditação, relaxamento de estresse e técnicas behavioristas com os fatos científicos da física quântica. Integrando o que aprendi sobre os aspectos intangíveis da vida — aqueles que se referem a pensamentos e sentimentos — com os fatos científicos, criei o processo prático dos cinco passos aqui apresentado.

Esse método pode ser usado para modificar qualquer coisa em nossa vida, seja no que se refere a relacionamentos ou a questões de trabalho, dinheiro, saúde, uma casa nova, um carro ou uma nova profissão que se queira. Fun-

APRESENTAÇÃO

cionará melhor se, à medida que formos seguindo os passos que são apresentados, permanecermos cientes do que transpira em nossa vida. Trata-se de um processo poderoso que dá certo e funciona tão bem para realizar o desejo de um carro novo como para melhorar a saúde. Podemos usar os passos e técnicas para criar qualquer coisa que queiramos e também para mudar nossa vida.

Já vi esse processo funcionar muitas vezes com diversas pessoas, homens e mulheres que queriam mudar suas vidas. Observei essas pessoas receberem dons maravilhosos, relacionamentos significativos, carros novos, empregos, dinheiro e o restabelecimento da saúde com a adoção desse método. Muitas de suas histórias são incluídas neste livro, portanto o leitor conhecerá algumas delas.

O Processo dos 5 passos é um modo de ação prático e não oferece dificuldade de execução. As ferramentas necessárias já estão disponíveis, pois estas são nossos pensamentos e sentimentos. O processo pode levar o tempo que for necessário, curto ou longo.

Não se preocupe se não entender todos os aspectos da ciência apresentada nos próximos capítulos. Esse processo funciona mesmo que as explicações científicas não façam sentido para o praticante. Se os detalhes específicos da física quântica parecerem muito técnicos para sua compreensão, dê uma passada rápida por essas partes do livro. Não é importante entender cada ponto. As informações sobre física são apresentadas aqui para ajudá-lo a realizar as mudanças em sua vida, mas, se elas parecerem

A FÍSICA DO SUCESSO

confusas, não deixe que isso atrapalhe. Não é necessário entender absolutamente nada sobre física quântica para criar uma vida maravilhosa e feliz.

Acima de tudo, siga os passos com a cabeça e o coração, fazendo com que se desenrolem do modo mais agradável possível. Como tudo na vida, tiramos disso o que investimos. Mantendo-se o foco no que se deseja, devemos tornar cada passo significativo e frutífero.

Meu desejo é que o leitor se apodere desse processo e torne-o seu, que o utilize para tornar sua vida e a dos que ama mais rica, mais bem-sucedida e feliz, cheia de significado e aventura.

1

A criação da própria realidade

"CRIAMOS A NOSSA própria realidade." Talvez você já tenha ouvido essa frase. O que significa exatamente? Ela traz uma poderosa aura de verdade em si, mas é só uma frase. Não pode ser literalmente verdadeira, pode?

Um terapeuta lhe dirá que criar a própria realidade significa que, quando algo acontece, criamos o modo como aquilo nos influenciará pela atitude que tomamos em relação ao fato. Desse modo, com nossa interpretação, decidimos se o motorista que nos corta abruptamente na rodovia é hostil ou meramente descuidado, e reagimos de acordo. De certa forma, isso é criar a própria realidade. Mas não fomos nós que criamos o cara nos cortando. Ou fomos?

E se soubéssemos o que alguns cientistas sabem há quase cem anos? Cada um cria a própria realidade. Literalmente. Cria toda ela, mesmo os outros motoristas da rodovia.

A FÍSICA DO SUCESSO

De que modo nossa vida seria diferente se soubéssemos que temos o poder de fazer as coisas como queremos
que sejam?

A boa notícia é que temos esse poder e tudo começa
pela aceitação dessa posse.

Primeiro passo: Assumir a responsabilidade

Se não formos responsáveis por algo, não podemos modifi-
cá-lo, portanto assumir a responsabilidade é o primeiro
passo e o fundamento dos quatro passos seguintes. De muitos modos, portanto, não só é o lugar por onde começar,
mas também o mais importante de todos os passos. Assumir a responsabilidade é algo vital, essencial, crucial, e nenhum dos outros passos irá funcionar sem esse primeiro.

O que significa assumir a responsabilidade? Como fazer isso?

Eis um exemplo. Não se deve sonhar em pintar o velho carro caindo aos pedaços do vizinho, uma sucata cheia
de ferrugem que ele insiste em deixar guardada na entrada
da garagem ao lado do seu belo gramado. Mesmo que se
deteste olhar para aquilo, não se pode tocar nele, pois não
nos pertence — pintá-lo seria um ato de vandalismo.

Como não nos pertence, também não podemos nos
livrar desse lixo. Nesse exemplo, no entanto, possuímos
nossa casa e o que pode ser feito é erguer uma cerca-viva
florida ao longo do limite da propriedade, providencian-

16

A CRIAÇÃO DA PRÓPRIA REALIDADE

do, assim, um belo muro verde que esconda totalmente de nosso campo de visão a entrada da garagem do vizinho.

Embora pareça simples, a ideia de honestamente assumir a responsabilidade pelo que acontece em sua vida pode deixar as pessoas paralisadas. "Não sou responsável por esse problema", dirão. "Está acontecendo comigo. Eu é que sou a vítima! Não aponte o dedo para mim!" Assumir o papel de vítima não adianta nada. Com a postura de vítima, fica impossível modificar nossa vida. É preciso olhar para a situação de outro ponto de vista. Como diz o ditado: "Não há vítimas, só voluntários."

Muitas pessoas acreditam erroneamente que, se assumirem a responsabilidade por uma situação, tornam-se culpadas por ela. Responsabilidade não tem a ver com culpa. O propósito de culpar é fazer com que alguém esteja errado e, nas relações interpessoais, isso não é bom para ninguém. É apenas um instrumento para punir e manipular. O sistema legal e político nomeia culpados de modo que haja um indivíduo ou grupo que seja obrigado a fazer reparações, mas culpar a si mesmo não é um modo de assumir a responsabilidade.

Da culpa, advém a ideia de fracasso: "Se eu assumir a responsabilidade, significa que estou errado e, portanto, sou um fracasso." Estar enganado e cometer erros são circunstâncias que nenhuma pessoa consegue evitar. É impossível viver sem cometer erros — essa é uma das características de nossa espécie. Culpar-se por cometer aqueles

A FÍSICA DO SUCESSO

erros inevitáveis não implica assumir a responsabilidade. Quando fracassamos em alguma tarefa ou atividade, isso simplesmente significa que não fomos bem-sucedidos naquela tarefa ou atividade. Fracassar não torna o indivíduo um fracasso. Não é sensato chamar a si mesmo de fracassado ou se repreender por qualquer tentativa fracassada. Atribuir culpa, considerar-se errado e decidir que se é um fracasso, nada disso tem a ver com assumir a responsabilidade.

Então, o que é responsabilidade?

Assumir a responsabilidade é aceitar que somos nós — e só nós — os responsáveis pela situação.

A responsabilidade está diretamente ligada à posse. Se aquele carro horrível cheio de ferrugem nos pertencesse, poderíamos nos desfazer dele ou pintá-lo da cor que quiséssemos.

Para ter uma ideia do que é assumir a responsabilidade, faça o exercício a seguir. Será necessário usar papel e caneta.

A CRIAÇÃO DA PRÓPRIA REALIDADE

Exercício: Assumir a responsabilidade

1 Pense num evento qualquer, algo que ocorreu em sua vida. Pode ser algo positivo, agradável ou péssimo, doloroso. O sabor do acontecimento não importa; o que interessa é que realmente tenha ocorrido em sua vida.

2 Escreva a história do ocorrido e assuma o ponto de vista de que isso lhe aconteceu sem qualquer motivo, e que, na verdade, você foi uma vítima inocente e não tinha controle algum sobre a situação. Seja tão detalhista quanto puder no desenrolar da história e inclua tudo que lhe aconteceu e a outros em consequência do evento.

3 Em seguida, escreva outra versão da mesma história. Pegue o mesmo acontecimento, mas dessa vez escreva como se você estivesse no controle, como se houvesse, de alguma maneira, planejado para que aquilo acontecesse e esperasse o resultado.

~

Jane fez esse exercício e escreveu a história de um terrível acidente de automóvel que ocorrera cerca de cinco anos atrás. Ao se chocar de frente com um grande caminhão que vinha em alta velocidade, seu carro capotou e foi parar num desfiladeiro. Jane e o namorado, Larry, ficaram bastante feridos. Inclusive, ela teve uma lesão na cabeça que lhe custou muitos meses de reabilitação. Ela escreveu a história do acidente, anotando um rol de ferimentos e tabelas de seu longo e árduo período de recuperação. Sua história acabava com a triste consequência de que, embora ela e Larry tivessem se curado fisicamente, o relacionamento não sobreviveu àquela provação.

Foi difícil reler a narrativa. A história estava recheada de sofrimento e tristeza e havia amargura pela perda do relacionamento de seis anos com Larry, que ela jurava ter sido causada apenas pelo acidente e por seu resultado.

Mas, quando Jane escreveu a segunda versão da história, algo dentro de si mudou. Embora, a princípio, tenha lhe parecido tolo, ela escreveu que havia causado o acidente ao sair de um caminho e entrar na rodovia descuidadamente (pelo menos parte disso era verdadeiro, pois ela fora multada por ter provocado o acidente) e que ela o provocara de modo a poder atingir uma série de importantes — embora particulares e não bem conscientes — objetivos em sua vida. Ela mencionou que necessitava fazer uma grande mudança e não sabia como. Jane escreveu que, antes do acidente, sempre fora uma pessoa me-

A CRIAÇÃO DA PRÓPRIA REALIDADE

drosa e que não gostava de ficar sozinha ou de se aventurar fora do próprio bairro. Após ter-se recuperado, ela se mudou, sozinha, de uma cidade pequena em Massachusetts para um apartamento conjugado no bairro de Greenwich Village em Manhattan e, dois anos depois, ela fez uma mudança de quase 5 mil quilômetros para começar uma nova vida na Califórnia.

Ela até recordou ter questionado seu relacionamento com Larry antes do acidente. Cerca de uma semana antes de encarar aquele caminhão, lembrou, ela conversara com uma amiga sobre Larry. Foi uma conversa que ela gostava de fingir que nunca acontecera. Ao escrever a segunda versão de sua história, Jane lembrou de ter dito à amiga naquele dia: "Não sei o que vai nos separar. Queria que a gente se casasse para poder se divorciar e acabar logo com isso."

Por mais chocante que fosse, enquanto escrevia aquilo, Jane sentia algo se transformar dentro de si. Subitamente, suas ideias mudaram e ela acreditou na segunda versão da história. Reconheceu que, lá no fundo, ela andava procurando por algo que sacudisse sua vida e, embora não achasse que tinha deliberadamente provocado o acidente, conseguia perceber que ele lhe havia servido a um propósito. De fato, a coisa mais importante que resultara do incidente desagradável foi que ela passou a viver de modo diferente em relação às pessoas que amava. No hospital, quando soube que quase morrera, o que mais lhe causou angústia foi o fato de que podia ter sido forçada a deixar a vida sem dizer a seus entes queridos como se sentia em relação a eles. Após o acidente, Jane quis ter certeza, sempre, de dizer às pessoas que as amava. Cuidadosamente, sempre que se despedia de amigos ou familiares, mesmo que por um tempo curto, ela dizia "Eu te amo", ou simplesmente os deixava a par do quanto eram importantes para ela.

~

Ed escolheu contar um evento ocorrido há poucas semanas. Ele fora demitido e ainda estava sentindo a mágoa e humilhação que aquilo lhe causara. Lançou-se à primeira versão com muito gosto. Como suas emoções ainda estavam à flor da pele, qualquer detalhe o mobilizava, portanto essa parte do processo lhe forneceu a arena perfeita para dar vazão à sua raiva e ao constrangimento de ter sido despedido.

O que aconteceu foi o seguinte: Ed foi chamado ao departamento de Recursos Humanos pelo vice-presidente. Quando chegou, viu que sua chefe, Sara, também estava lá, e começou a suar. Sara disse: "O trabalho que você faz deixará de ser realizado a partir de hoje." Ed não fazia ideia do que teria feito para provocar uma desavença tão irreparável em suas relações com a chefe e a empresa, e imediatamente ficou envergonhado.

Ele voltou à sua escrivaninha, acompanhado do vice-presidente, que ficou observando atentamente enquanto

A CRIAÇÃO DA PRÓPRIA REALIDADE

Ed guardava seus pertences numa caixa. Com todo o pessoal do escritório observando, o vice-presidente o acompanhou até o lado de fora do prédio. O rosto de Ed, rubro de humilhação, e a caixa de pertences em seus braços. Não havia dúvidas para Ed: ele era a vítima. Antes daquele dia, não houvera sinais de algo inoportuno; ele vinha fazendo um trabalho excelente. Embora só estivesse na empresa há quatro meses, sabia que era a melhor pessoa lá dentro. Não havia jeito de esse exercício de responsabilidade fazê-lo mudar de ideia. Ele era a parte inocente e ferida no acontecimento; nada mais havia ali.

Ao começar a escrever a segunda versão do relato, Ed estava confiante. Sabia que não havia possibilidade de ser responsável pela perda do emprego. Mas, enquanto escrevia, acabou se lembrando dos problemas que tivera no escritório. Embora fosse encarregado do departamento de orçamento, ele pouco entendia do assunto e, mesmo assim, enviava uma página após outra sem fazer ideia da precisão daquelas informações. Além disso, não fizera um único amigo nos quatro meses em que lá estivera (algo incomum para ele) e, como consequência, compensava a sensação de solidão no trabalho dando telefonemas pessoais.

Aos poucos, Ed começou a perceber que as coisas não tinham sido tão boas assim no escritório. Mesmo tendo levado algum tempo para chegar àquela ideia, Ed acabou vendo que houvera sinais sobre seu desempenho não ser tão maravilhoso como ele dizia para si mesmo durante

A FÍSICA DO SUCESSO

todo o tempo. Lembrou que não tivera êxito num grande projeto e que culpava as pessoas de outros departamentos por não o terem ajudado. Também acabou se dando conta de que eliminar uma função — alguém lhe disse que ela foi mais tarde substituída por uma estritamente orçamentária — não era a mesma coisa que ser demitido. De fato, ele tomara a demissão de modo pessoal. Uma vez tendo encarado a situação com responsabilidade, admitiu a verdade: de que estava profundamente insatisfeito com o emprego e ansiava por estar em algum outro lugar.

Sob a perspectiva da responsabilidade, percebemos que temos o poder de fazer algo acontecer. Sob qualquer outra perspectiva, como a do fracasso ou da vítima, não. Na verdade, dessa posição, operamos de um modo impotente, sem poder algum, à mercê das "circunstâncias".

Cabe a nós dar este primeiro passo e assumir a responsabilidade pelas situações que queremos mudar.

Mesmo estando absolutamente certo — tendo cem por cento de certeza — de não ser responsável, tente esta técnica: finja ser responsável. Apenas finja.

2

De Newton ao
quantum

"CERTO, CERTO", VOCÊ DIZ. "Eu admito. Sou responsável. O que há de tão científico em ser responsável? Onde está a prova de que assumir a responsabilidade adianta alguma coisa?"

Vou ter de fornecer algumas informações preliminares para explicar como a ciência funciona. A ciência, obviamente, é a física quântica, e as descobertas que veremos datam de quase cem anos.

Quão real é o nosso mundo? O quanto ele é sólido? Se tocamos algo, uma árvore, por exemplo, ela parece dura e real. Pode-se passar a mão por ela e sentir a textura áspera do tronco e esfregar uma folha entre os dedos, percebendo sua qualidade de celulose. A árvore é densa — não se pode enxergar através dela. Nossos próprios sentidos dirão que a árvore existe. Sem dúvida, ela é física, sólida e real.

Mas é mesmo? A maioria das pessoas sabe que todas as coisas são constituídas de moléculas. Nas aulas de ciência, aprendemos que as moléculas são formadas de átomos. Mas, quando se está bem perto, olhando para aquela árvore, é provável que não estejamos pensando em átomos. Ninguém costuma ficar pensando em termos de átomos.

Se você e eu fôssemos aqueles a descobrir o modo como a vida funciona no quantum, diríamos que, por definição, é algo mágico. Pertence ao contexto dos contos de fadas.

Vamos pensar neles por ora, pois escrevi este livro para contar sobre as impressionantes e dinâmicas qualidades das partículas subatômicas infinitesimais que formam os átomos. O que é mais importante: quero lhe mostrar como a emulação dessas qualidades pode mudar nossa vida. Além disso, há uma chance de que alguns aspectos dessas entidades mínimas sejam tão fascinantes para você quanto o são para mim.

Um novo olhar sobre o átomo

Talvez você já tenha visto um daqueles modelos de plástico do átomo, com um núcleo esférico no centro e elétrons

DE NEWTON AO QUANTUM

circulando à sua volta como os planetas orbitam o Sol. Às vezes, o núcleo é pintado de vermelho e os elétrons são azuis, ou vice-versa. Como ficou confirmado, aquele modelo estava errado. O que nos ensinaram na aula de ciências não é a realidade. Os elétrons não orbitam o núcleo daquele modo. Na verdade, a maior parte do núcleo é formada por espaço. Talvez seja digna de surpresa também a descoberta de que ninguém jamais viu uma partícula subatômica e nem um átomo sequer, exatamente por isso. O que se pode fazer, em experimentos, é ver os trilhos feitos pelas entidades subatômicas (os cientistas podem relatar seus movimentos usando complicadas equações matemáticas com símbolos estranhos, irreconhecíveis, que não significam absolutamente nada para a maioria das pessoas).

O átomo, que, em sua maior parte, consiste de espaço com um núcleo no meio de um monte de elétrons que se movem ao acaso em volta dele durante todo o tempo, é como uma pequena criatura bamboleante. O modo como a natureza funciona dentro do átomo não segue as leis de Newton. As partículas subatômicas têm suas próprias leis, que diferem das regras que governam as coisas de tamanho normal em nossa vida cotidiana.

O mundo do muito pequeno e muito veloz é conhecido como física quântica. Não deixe que o nome o desencoraje; é só o nome usado pelos cientistas, de modo que as pessoas saibam que estão falando de corpos subatômicos mínimos, e não de objetos de tamanho normal,

A FÍSICA DO SUCESSO

como bolas de futebol, casas e pessoas. A física quântica, às vezes denominada *quantum*,* é a parte da ciência que estuda as entidades subatômicas, que são os blocos de construção da realidade física. O *quantum* se refere ao mundo dos elétrons, prótons, nêutrons e muitas outras partículas subatômicas que abrangem as partes reais, sólidas e físicas de nosso mundo: nossos corpos, carros, casas, livros, mesas, alimentos, árvores — tudo que é físico.

Em nosso mundo, se soltarmos uma pedra, ela cairá, não importa a parte do mundo em que estejamos. Não importa também quem o força, se eu, você ou qualquer um. As leis de Newton sobre a Natureza são previsíveis; podemos saber com antecedência que qualquer coisa que for solta cairá.

No mundo quântico, onde as leis de Newton não se aplicam, não podemos fazer o mesmo tipo de previsões. O *quantum* abre uma visão inteiramente nova de como nosso mundo funciona. É importante primeiro dar uma olhada no que havia antes de sua descoberta para colocar em contexto o mundo incomum do *quantum*. Saber como as pessoas pensavam sobre nosso mundo com base no modelo de Newton (que ainda é o modo como muita gente o vê) é essencial para compreender os princípios quânticos.

---

* A física quântica tem esse nome devido à palavra *quanta*, usada por Max Planck para descrever sua descoberta de que a energia não é uma corrente estável. Planck descobriu que a energia funciona em discretos blocos, ou pacotes, os quais denominou *quanta*.

DE NEWTON AO QUANTUM

O mundo segundo Newton

Em 1687, Isaac Newton escreveu um artigo sobre o funcionamento do mundo. Num ensaio chamado "Principia Mathematica", ele escreveu sobre as ideias relativas aos movimentos do Universo que foram propostas ao longo dos séculos, retrocedendo até os filósofos gregos. Ele acrescentou as próprias observações, conhecidas como as três leis do movimento. Com esse ensaio, Newton conseguiu demonstrar que o mundo é lógico e previsível.

As ideias por trás de sua versão da ciência, que, de modo geral, foram aceitas pela comunidade científica da época, podem ser resumidas do seguinte modo:

1 O movimento ocorre de modo suave e fluido, ou seja, é uma corrente estável de ação.

2 O movimento ocorre porque algo o provocou, isto é, havia uma causa presente. Isso significa que tudo o que se passa funciona assim: há uma causa e depois a reação resultante ou ocorre o efeito. Tempo é o que acontece entre a causa e a reação ou o efeito.

3 O movimento pode dividir-se em suas partes componentes. Cada parte tem sua função e as partes compõem o Universo físico.

A FÍSICA DO SUCESSO

4 Os cientistas só podem observar o que acontece a partir de um ponto de vista neutro ou objetivo, ou seja, há uma única verdade da realidade no Universo e nada pode alterar a verdade absoluta.*

Sir Isaac Newton nos ensinou que o que sobe deve descer, além de outros fatos importantes sobre a Natureza. As pessoas acataram o que ele disse e aplicaram em todos os âmbitos da vida, formulando opiniões sobre o mundo em geral. O modo de pensar resultante chama-se determinismo, significando que tudo está pré-determinado. Ou seja, uma vez que algo exista ou tenha se iniciado, continuará de um modo que pode ser previsto ou determinado, segundo a lei natural. Por exemplo, se uma bola está rolando sobre uma mesa, sabemos — logo, podemos prever — que continuará rolando até chegar à beira, quando então cairá. Todo mundo sabe que é isso que acontecerá, portanto podemos dizer que o rolar e a queda da bola são fatos previsíveis e determinados.

Segundo Newton, dado qualquer ponto de partida, podemos prever corretamente o resultado de um acontecimento todas as vezes. As respostas estão todas lá, previsíveis e aguardando para serem descobertas por uma progressão lógica, gradativa.

---

* Wolf, Fred Alan, *Taking the Quantum Leap*, p. 56.

DE NEWTON AO QUANTUM

O domínio do determinismo

Sob o ponto de vista de Newton, o Universo funciona como uma grande máquina, posta em movimento muito tempo atrás por Deus. À medida que cada roda gira, ela faz com que outra parte da máquina se movimente, essa seção afeta outra parte e assim por diante. Primeiro ocorre a causa e depois o efeito se segue.

Os fenômenos físicos foram explicados pela ciência de Newton e, em consequência, a ciência passou a ser reverenciada como o píncaro do conhecimento humano. As pessoas procuravam pelos cientistas para obter respostas, pois na ciência há precisão na mensuração de qualquer coisa e os cálculos matemáticos podem ser computados até o ponto decimal. Usando as descobertas de Newton como padrão, a resposta para todas as coisas, eles acreditavam, poderia ser calculada antecipadamente. Na verdade, com seus cálculos, Newton reduziu as questões espirituais, religiosas e metafísicas sobre os encaminhamentos de nosso mundo a meras previsões matemáticas.

As explicações do mundo físico dadas por Newton se expandiram até incluir a filosofia e as atitudes das pessoas em relação à vida, resultando numa perspectiva determinista. O que o determinismo nos diz é que, como o motor do grande aparato de Deus já se iniciou, todos os movimentos — e tudo o mais no Universo — está pré-determinado. A máquina não pode ser interrompida e nós somos, juntamente com todos os outros seres vivos, meras

A FÍSICA DO SUCESSO

peças em movimento; nada podemos fazer, além de desempenhar nossos papéis em Seu grande esquema. Como bolas de uma mesa de sinuca golpeadas de antemão pelo taco, iremos rolar de um modo matematicamente previsível. Ou seja, a causa produz efeitos e o fará todas as vezes com uma previsibilidade coerente. O Universo de Deus, então, pode ser considerado tanto causal (governado por causa e efeito) quanto determinista (completamente previsível).

Quem pode argumentar com os fatos científicos, comprovados por meio de complicados cálculos matemáticos? E quem pode argumentar com Deus a respeito dessa questão? Para cada ação, há uma reação igual e oposta. Com o determinismo, tudo é inevitável e racional. A ideia de livre-arbítrio não faz sentido e não há esperança de melhorar a vida de ninguém ou de fazer qualquer coisa que perturbe o *status quo*. Cada um de nós, cada animal, cada árvore, tem uma função a cumprir. Como um dente na engrenagem de uma roda, somos meras partes da máquina e o motor está seguindo em frente rumo a seu destino final. Não há nada que você, eu, os animais ou as árvores possam fazer.

Com a Grande Máquina dirigindo tudo, todas as leis devem ser obedecidas. Essa ideia é maravilhosamente ilustrada num episódio de *Jornada nas Estrelas: A Nova Geração*, quando os *cyborgs* capturam o capitão e esperam que sua personalidade e identidade sejam absorvidas pelo Coletivo, uma grande máquina que é o mundo deles. "A resistência é fútil", assim os *cyborgs* colocam a questão. A resistência é fútil: não temos escolha. Assim diz o determinismo.

Na verdade, o determinismo leva embora todo o livre-arbítrio, rouba toda a criatividade e esperança, abolindo os sonhos relativos ao futuro. Ver o mundo como determinista significa que não há razão alguma para fazer qualquer coisa como pessoa, nação, mundo, pois nada que se faça pode ter impacto sobre o inevitável ou alterá-lo. Tudo já foi decidido por Deus. As pessoas só podem ir se arrastando com os dedos cruzados e aceitar seja lá o que for. É como se todos nós estivéssemos numa esteira transportadora, rumando para as covas que nos esperam no final da vida; nada há de novo a descobrir sobre nós mesmos ou sobre os outros que já não tenha sido levado em consideração.

A responsabilidade da ciência

Um campo de estudo, para ser considerado ciência, depende de experimentos em que a prova de qualquer fato científico pode ser demonstrada. Outros campos de estudo — literatura ou psicologia, por exemplo — não são considerados científicos porque nem mesmo verdades psicológicas podem ser comprovadas por meio das experiências. A física quântica, como a física clássica, usa a matemática para confirmar a validade de seus experimentos. Os cientistas usam fórmulas complexas para representar o que acontece nos experimentos e, se a matemática atesta o ocorrido, bingo, um novo fato científico é confirmado. (Como analisamos os resultados de experiências já comprovados, não estamos preocupados em validar a correção de qualquer pesquisa aqui; portanto, não há matemática neste livro para provar os experimentos ou por qualquer outra razão!)

Há muitos séculos, os metafísicos sabem como criar seus universos, mas, sem as descobertas no *quantum*, eles não sabiam necessariamente como ou por que seus métodos funcionavam. Hoje em dia, os cientistas conhecem os resultados dos experimentos que iremos explorar, mas não sabem como ou por que o *quantum* funciona.

Metafísica é um termo que se refere a qualquer coisa que não pode ser observada com nossos cinco sentidos. É o que ocorre em nossa mente e inclui todas as coisas consideradas num estado além, acima ou fora do físico. Filosofia, cosmologia, o sobrenatural e toda a psicologia, psiquiatria e psicoterapia são metafísicos no sentido de não serem do mundo tangível, físico, e de não poderem ser interpretados pelos cinco sentidos. A metafísica é o estudo das características do que não é físico ou palpável: pensamentos, sentimentos e sensações, espiritualidade e religiões são metafísicos. A metafísica aborda as áreas da vida que a ciência não consegue e descreve modo de funcionamento de formas que nunca precisam ser comprovadas com experimentos; na realidade, esses aspectos vitais

DE NEWTON AO QUANTUM

da natureza não podem se servir eficazmente de sujeitos para experimentos.

~

Todos os cientistas são coagidos; por definição, eles têm de provar suas verdades pela experimentação ou sua prática não será considerada ciência. Todavia, há bilhões de pessoas no planeta que não são cientistas e não precisam se preocupar com as limitações impostas à comunidade científica. Nós não sofremos tais restrições e não temos regras que definam a autenticação só pelos experimentos. Para nós, a verdade não necessita de validação por nada além de nossa própria experiência. Não somos controlados de modo científico e, para a maioria de nós, a experiência de algo é o melhor teste de sua verdade — conseguimos senti-la e conhecê-la.

O mundo da ciência

Os cientistas que nos dizem como o mundo funciona estão limitados por regras que devem seguir ao conduzir seus experimentos. Uma regra para os experimentos científicos, por exemplo, é que têm de ser passíveis de repetição. Os resultados sempre devem ser os mesmos, não importa quem realiza a experiência ou onde o executor a conduz. Os experimentos também devem ser objetivos.

A FÍSICA DO SUCESSO

Isso significa que um experimento não pode ser influenciado pelas opiniões de um cientista ou pelo que ele deseja que aconteça.

Um experimento deve ocorrer por conta própria para ser objetivo, sem que o cientista altere os resultados ou os influencie numa direção específica. Mesmo assim, os cientistas quânticos fizeram descobertas estarrecedoras que desafiam os experimentos convencionais e o modo como as pessoas imaginavam o Universo. Demonstraram que, simplesmente fazendo escolhas responsáveis e observando certos experimentos, uma pessoa pode alterar o curso dos acontecimentos. Essa informação, é claro, nega completamente a ideia de objetividade. De fato, o primeiro princípio da física quântica é que não podemos examinar qualquer coisa no *quantum* sem modificá-la. Os experimentos mostram, sucessivamente, que se obtém um resultado ao observar a experiência e outro diferente se não a observarmos. Se essa ideia lhe parece confusa, não tenha receio. É confusa para todos.

Como os cientistas se dedicam a medir e registrar as informações de modo estritamente neutro, essa verdade sobre o modo de funcionamento do *quantum* apresenta um dilema para alguns físicos. Na verdade, alguns deles consideram essa característica da física quântica perturbadora e, portanto, inaceitável. Podem até tentar modifi-

De Newton ao Quantum

car o palavreado para soar como se o *quantum* não funcionasse assim.*

Os físicos que realmente fazem as descobertas sobre o *quantum* reconhecem o princípio da incerteza, de Werner Heisenberg. Nesse princípio, Heisenberg afirma que uma pessoa não pode medir a posição e o *momentum* de uma partícula subatômica — um elétron, por exemplo — ao mesmo tempo. Assim que se calcula exatamente onde está um elétron, sua localização ou posição, como os cientistas a denominam, uma mudança é provocada e já não é mais possível saber sua quantidade de energia, ou *momentum*.

"O teste de todo o conhecimento é a experimentação... A experimentação é o único juiz da verdade científica."
— *Richard P. Feynman*

Uma vez conhecido o *momentum*, a mensuração provoca uma mudança e não conseguiremos descobrir exatamente onde o elétron se encontra.

---

* Na verdade, John Polkinghorne, em *Quantum Theory*, tenta desvalorizar o papel do observador. Na página 19, diz: "A definição geral da mensuração é o registro microscópico irreversível das coisas. Esse acontecimento pode envolver um observador, mas em geral não precisa." O que o Sr. Polkinghorne não leva em consideração é que a mensuração é o observador: podemos perceber diretamente, usando nossos cinco sentidos ou recorrendo a vários instrumentos mecânicos de medição.

A FÍSICA DO SUCESSO

O mundo subatômico desconhece a lógica da física clássica de Sir Isaac Newton, como se demonstra nos experimentos descritos nos capítulos seguintes. Na verdade, o universo das entidades subatômicas e seus mecanismos realmente confirmam a tese de que existe mais de um mundo ou realidade. De modo indireto, a física quântica prova a ideia de um mundo individual e subjetivo, ou seja, que cada um de nós tem o próprio mundo, o próprio universo, com algumas verdades comuns se sobrepondo.

O *quantum*, por sua natureza subjetiva, traz à tona uma série de questões: há uma só maneira de ver qualquer coisa na vida, como Isaac Newton nos teria feito acreditar — ou seja, será que há uma única realidade que não seja influenciada pelas pessoas? Será que realmente há um único modo correto de ver qualquer coisa que ocorre em nosso mundo? Ou seria possível, até mesmo provável, que a verdade seja subjetiva e, portanto, diferente para cada pessoa que a experimenta? E se a verdade científica acabar sendo individual e houver tantas versões da realidade, e do mundo, quanto há pessoas? Esse é um conceito controverso que examinaremos mais tarde.

O propósito desses questionamentos não é a estimulação intelectual, mas sim olhar para modos de mudar nossa vida, para fazê-la funcionar melhor com a aplicação dos fatos sobre o *quantum*, que já foram provados tanto em laboratório quanto na matemática. Uma vez tendo aprendido o modo como as entidades quânticas funcionam, é possível usá-lo como exemplo inspirador para mu-

De Newton ao Quantum

dar nossa vida, tornando-a mais bem-sucedida e satisfatória.

A física quântica elimina as antigas ideias do determinismo e nos proporciona o retrato de um mundo, um Universo, que é cheio de possibilidades e probabilidades. Seja qual for a relação de uma pessoa com Deus, a ideia de uma Grande Máquina dirigida por Ele já não é válida. Não somos peças impotentes num tabuleiro de jogo, apenas diversões para um Deus que já decidiu tudo. Não somos soldados meramente marchando sob ordens pré-determinadas. Ao contrário, como prova a física quântica, o mundo está lotado de potencial e promessas e isso muda tudo. A Grande Máquina não determinou o resultado de nossa vida para nós e os cálculos científicos não precisam estar envolvidos. Deus, seja Ele bondoso, generoso e amoroso ou mesmo irado, não quer nos roubar o livre-arbítrio em nome do determinismo. Somos livres para escolher como nossa vida deve ser; na verdade, temos a responsabilidade de fazer isso. Cada um de nós é livre para tornar sua vida melhor e nosso Universo e mundo mais pacíficos e harmoniosos.

O mundo quântico é uma miniatura do nosso Universo.

Tudo em nosso mundo físico, em nossa realidade, é constituído por entidades quânticas, e, como os experi-

A FÍSICA DO SUCESSO

mentos a seguir demonstram, seu mundo é — literalmente — o que você faz dele.

O primeiro passo para torná-lo belo é assumir a responsabilidade por sua vida e por seu mundo.

3

O que se vê é o
que se tem

O QUE SERIA NECESSÁRIO PARA provar que as pessoas criam os próprios mundos? Como poderíamos mostrar esse conceito em termos científicos? Isso de fato ocorreu por meio de uma série de experimentos realizados a quilômetros de distância e com muitos anos de diferença.

Newton acreditava que a luz se constituía de uma corrente de peças mínimas de substância física, as partículas. Mas, com a famosa experiência de dupla fenda realizada em 1803, Thomas Young descobriu que a luz opera em ondas que podem se chocar ou interferir umas com as outras.

Nessa experiência, Young colocou duas telas, uma atrás da outra, cortou duas fendas estreitas na primeira e, tapando uma, fez a luz passar através dela. Viu a luz refletir na tela de trás num ponto correspondente. Depois, ele deixou as duas fendas abertas, de modo que a luz pudesse passar por ambas ao mesmo tempo. Achou que fosse ver dois pontos de luz correspondentes na tela de trás, assim como vira o ponto único quando a luz passou por uma só fenda na primeira vez. No entanto, ele constatou que não surgia simplesmente uma linha nítida, mas sim um conjunto de faixas luminosas de diferentes intensidades, que tinham o seguinte aspecto:

Reprodução da segunda tela de Young
com as duas fendas abertas.

Essas faixas luminosas mostravam que a luz sofria difração, tal como ocorre num lago quando duas ondas se chocam. (Esse é um efeito familiar para todos que já jogaram pedrinhas, uma de cada vez, num laguinho. Pode-se observar que, quando as ondulações de cada pedrinha encontram as de outra, ambas mudam de direção. Esse é um padrão de interferência.) Com base no

O QUE SE VÊ É O QUE SE TEM

resultado dessa experiência, Young provou que a luz não é uma partícula, como Newton acreditava, mas sim uma onda, que funciona em nosso mundo do mesmo modo que o som.

Naturalmente, a comunidade científica não acolheu as contradições ao reverenciado Newton. Outras descobertas ainda seriam feitas.

Desconsiderando as descobertas de Young, assim como experimentos subsequentes realizados por cientistas como Faraday (que descobriu a possibilidade de o magnetismo ser produzido pela eletricidade) e Maxwell (que descobriu que transformar a eletricidade em magnetismo é um processo reversível e que a luz se move num ritmo constante conhecido como *velocidade da luz*), ou talvez por não ter acesso ao tipo de divulgação global que temos hoje em dia, o mundo civilizado continuou a exaltar a física de Newton como a explicação para o funcionamento do mundo. Como Newton acreditava que tudo já estava determinado, sua ciência reforçava a ideia de que todos podiam continuar levando sua vida sem tentar mudar as coisas para melhor. A maioria das pessoas não queria abrir mão de uma ciência que, em suma, as absolvia de qualquer responsabilidade real sobre sua vida, e continuaram a viver como se estivessem à mercê de qualquer coisa que lhes acontecesse.

Ao refletir sobre a descoberta de Young de que a luz se move em ondas, Albert Einstein estudou o efeito fotoelétrico, observando que, quando um pedaço de metal é

A FÍSICA DO SUCESSO

iluminado, a luz passa sua energia aos elétrons, provocando uma corrente elétrica. Em estudos eletromagnéticos anteriores, já fora demonstrado que o magnetismo é provocado pela circulação dos elétrons dentro do metal. Em 1905, usando o conceito dos blocos separados de energia, de Max Planck, Einstein fez experiências com a luz para explicar os efeitos fotoelétricos e constatou que, se olharmos bem de perto, veremos que as ondas de luz são mesmo partículas — pequenas porções de luz reunidas, que ele denominou *fótons*. Einstein provou que era o choque dos fótons com os elétrons que desencadeava a expulsão destes, liberando energia no processo. Einstein recebeu o Prêmio Nobel por sua descoberta de que era a colisão das partículas, fótons e elétrons a responsável pelo efeito fotoelétrico.

A experiência de Young provara que a luz era constituída de ondas (difração, interferência) e Einstein provou que era constituída de partículas (radiação do corpo negro, efeito fotoelétrico). Como é que a luz pode ser ambos, ondas e partículas? As leis de Newton não conseguem explicar esse fenômeno.

Lentamente, as notícias dos resultados contraditórios se infiltraram na sociedade. Por volta de 1935, apesar das descobertas mencionadas e de outras evidências documentadas que refutavam a visão clássica da física, os pensadores civilizados dividiam-se em duas correntes: a maioria das pessoas ainda acreditava na visão determinista e mecânica de nosso universo, enquanto outras abraçaram

O QUE SE VÊ É O QUE SE TEM

a nova física, a descrição não mecânica do *quantum*. Até hoje, esse debate continua.*

O determinismo, por exemplo, permeia o pensamento social e religioso ocidental. Muitas religiões ensinam e a maioria dos indivíduos acredita que um Deus onisciente decide tudo, se não por intermédio da Grande Máquina, certamente por outros meios.

E, até os dias atuais, a ciência é valorizada por oferecer uma única resposta, absoluta e correta. Receber uma única resposta é a solução simples. Uma única resposta não requer qualquer pensamento ou o tipo de reflexão profunda que pode ser necessária para dar conta de todas as camadas de algo complexo. Ao lado desse desejo por uma resposta única e finita, está o de que ela esteja imediatamente disponível. Especialmente na sociedade ocidental, a velocidade é essencial: "Tempo é dinheiro", não param de dizer. Por essa e outras razões, a ciência, com seus fatos matemáticos, preto no branco, isso ou aquilo, é reverenciada, ou pelo menos considerada preferível às áreas cinzentas dos estudos subjetivos. O determinismo é fundado na ciência, e não nas artes, por exemplo, e, portanto, como parte da ciência, uma versão do determinismo é suprema na mente das massas desde a Renascença.

Apesar do reinado do determinismo, há um conflito. Primeiro, Young provou que a luz funciona como ondas.

---

* Wolf, Fred Alan. *Taking the Quantum Leap*, p. 59.

A FÍSICA DO SUCESSO

No entanto, Einstein provou que a luz é constituída de partículas, os fótons. Quem está certo? É impossível que ambos estejam certos: ou a luz é uma onda ou é uma partícula, não os dois. Ou é?

Onda ou partícula?

A dualidade onda-partícula é o paradoxo fundamental da física quântica. Em 1961 e novamente em 1989, as experiências de fenda dupla de Young foram repetidas. O que os cientistas descobriram é que, se a emissão de luz for diminuída para um único fóton (ou elétron) por vez e se a mesma experiência de Young for conduzida (com as duas fendas na primeira tela e a segunda tela registrando ou medindo os resultados), os resultados são surpreendentes. Com uma das fendas abertas, os elétrons passam, como era de se esperar, deixando um ponto de luz correspondente à fenda aberta. Com as duas abertas, surge a interferência do padrão de ondas. Como pode? Como pode haver ondas interferindo quando os fótons saem por uma ou outra fenda, uma de cada vez? Seria de imaginar que um único fóton só poderia passar por uma das fendas e que o fóton individual seria uma partícula. Eis, portanto, um paradoxo. Quando as duas fendas estão abertas, mesmo que os fótons sejam emitidos um de cada vez, ocorre o padrão de interferência, indicando a presença de mais de uma onda.

O QUE SE VÊ É O QUE SE TEM

Por mais ilógico que pareça, a única conclusão é que fótons individuais realmente passam pelas duas fendas simultaneamente e que "cada fóton interfere apenas consigo mesmo", como Paul Dirac afirma.* Às vezes, a luz atua como partícula e outras como onda. Não se preocupe se essa contradição o está confundindo. É confusa para os físicos também.

O mais notável é que esse tipo de experiência produz outro resultado surpreendente. Richard P. Feynman sugeriu uma variação da experiência usando uma fonte de luz forte e disparou elétrons de um canhão de elétrons, que isola cada um. Um contador Geiger é anexado e dá um clique a cada vez que um elétron sai do canhão. Além disso, colocou-se uma fonte de luz na passagem do elétron por uma das fendas, de modo a se ter a certeza de estar lidando com um único elétron de cada vez. Ao conduzir a experiência, vemos um clarão em uma das duas fendas, então conclui-se que os elétrons passam por qualquer uma das fendas. Mas, se realizarmos a experiência e não contarmos os cliques, nem dispusermos das fontes de luz, a distribuição dos elétrons oferecerá um padrão ondulatório. "Devemos concluir", diz Feynman, "que *quando olhamos para os elétrons* sua distribuição na tela é diferente de quando não olhamos".**

---

* Goswami, Amit. *The Self-Aware Universe*, p. 69.
** Feynman, Richard P. *Six Easy Pieces*, p. 129.

A FÍSICA DO SUCESSO

Seu mundo depende de você

Como vimos, um dogma básico da física quântica é que o mundo subatômico não pode ser observado (por nossos olhos ou por mensuração) sem que se perturbe. Mas de que modo a simples observação de uma onda pode transformá-la numa partícula? Ninguém sabe como, mas é exatamente isso que ocorre. Outro modo de descrever o fenômeno é "a realidade é observada".*

O fato de a luz ser uma onda de energia se não a observarmos ou uma partícula de substância física se o fizermos, significa que a escolha cabe a nós: observar e concentrar-se na partícula ou não. A luz se mostrará como uma partícula ou continuará sua existência como onda dependendo de nossa escolha de observação. Essa dualidade onda-partícula, um dos fundamentos da física quântica, indica uma verdade estarrecedora. Pense no que isso realmente significa. Se não focarmos na entidade subatômica, se ela for uma onda flutuando livremente e se nos concentrarmos nela e a observarmos, ela se solidifica em partícula de substância física. Como cada átomo em nosso mundo se constitui de entidades subatômicas que assim se comportam, o que isso significa em nossa vida?

Assim como ocorre com as partículas de luz, qualquer coisa em que prestarmos atenção acontecerá em nosso

---

* Lazaris, San Francisco Workshop, março de 1995. Foi por meio de Larazis que tomei conhecimento dos caminhos misteriosos do *quantum*. Muitas das definições e procedimentos que ofereço aqui derivam do que aprendi com ele.

O QUE SE VÊ É O QUE SE TEM

mundo. Sabe como é quando se compra um carro vermelho e, de repente, se começa a ver um monte de carros vermelhos nas ruas? É o mesmo fenômeno: aquilo no que se foca é o que se tem. Talvez você ache que, se não tivesse comprado um carro novo, não teria percebido todos os outros carros vermelhos. Mas a verdade é que, sem que você os percebesse, os carros vermelhos não estariam lá! "Não", você pode achar, "é pura coincidência que esses carros vermelhos estejam à minha volta". Não há um caminho científico para provar, mas tente fazer um experimento. Pense numa coisa e depois perceba quantas vezes ela aparece em sua vida. Funciona com carros nas ruas, com pessoas colaboradoras e também com gente chata, carros velhos enferrujados e cair num engarrafamento aonde quer que se vá. Sabe aqueles dias em que tudo parece dar certo e outros em que tudo dá errado? É você os materializando! Tudo tem a ver com assumir a responsabilidade e ter controle sobre o que se escolhe focar.

~

O fascinante da ideia sobre a dualidade onda-partícula está no poder de modificar a escolha do que observar e, ao fazer isso, conseguir modificar os acontecimentos.

A FÍSICA DO SUCESSO

É justamente o ato da observação, do foco, que produz o resultado, seja uma partícula de luz ou um carro vermelho. Desse modo, o primeiro passo para mudar nossa vida é aceitar que somos responsáveis pelas escolhas do que observamos. De fato, nossa realidade física, nosso mundo propriamente dito, não aparece se não o observarmos. Até que o manifestemos, nosso Universo, assim como a luz, só existe em forma de ondas de energia, como ondas de probabilidade. Isso significa que nosso Universo é subjetivo: tal como o *Brigadoon* do desenho animado, só aparece quando escolhemos enxergá-lo. Se isso é verdade, você pode se perguntar, quanta responsabilidade recai sobre o indivíduo? A verdade é que cada pessoa é responsável pelo próprio Universo.

Isso significa que, de repente, é preciso desejar com todas as forças que o Sol se levante pela manhã e que nosso mundo continue sendo como sempre foi? Não! Significa, simplesmente, que é cada pessoa que o torna o que sempre foi. Estivemos tornando nosso Universo manifesto durante todo o tempo; apenas não estávamos conscientes disso. Como fazemos então, já que não estamos conscientes? Nós o tornamos manifesto ao observar ou prestar atenção. Aquilo em que uma pessoa se concentra e presta atenção é o que vai aparecer em sua vida/mundo/Universo.

A questão é que somos nós a criar: observamos as entidades subatômicas que solidificam as ondas de ener-

50

O QUE SE VÊ É O QUE SE TEM

gia para que se tornem a substância de nosso mundo. Isso significa que os efeitos que desejávamos presentes nele podem estar lá e as questões que gostaríamos que não existissem — os vizinhos chatos, um patrão detestável — também podem desaparecer. Os vizinhos podem modificar-se, tornando-se mais simpáticos, ou podem até se mudar de casa; o patrão pode ajustar sua atitude, ser promovido ou transferido para outro local.

A parte mágica dessa verdade é que podemos dar origem a qualquer coisa que realmente desejemos, fazendo com que aconteça em nossa vida. O segredo é que precisamos nos preparar para isso e a preparação exige responsabilidade, escolha e foco. Seu desejo pode até se desenrolar ao longo do tempo. Embora não seja difícil, o procedimento realmente requer toda nossa atenção e concentração.

4

A natureza do tempo

"CERTO", VOCÊ PODE DIZER, "nossa observação afeta o que acontece aos elétrons e prótons e até faz com que mudem seu curso. Mas, e se observássemos depois de eles terem escolhido a fenda pela qual passariam? Não provocaríamos impacto algum após o fato, não é?"

Foi com essa questão que John Wheeler trabalhou em seu "experimento de escolha retardada". Wheeler usou espelhos, tentando arrumar um modo de fazer o observador ver os resultados da experiência, após cada um dos fótons em questão ter "escolhido" seu caminho. O que ele descobriu foi que o ato de observar — mesmo após a decisão já ter sido tomada quanto ao caminho a seguir — determinou o ocorrido. Se observado após o fato, o fóton se comportava como uma partícula de substância; caso contrário, permanecia num estado ondulatório. Esse resultado só pode significar que o fóton volta no tempo e realiza a "escolha observada". Como pode? Nem

A FÍSICA DO SUCESSO

mesmo os cientistas sabem como isso funciona, mas é precisamente o que acontece.

O tempo não é absoluto

Esta é ainda outra faceta da teoria quântica que contradiz a física de Newton. Os experimentos no macrocosmo de nosso mundo conduzidos segundo os cálculos newtonianos clássicos são irreversíveis, pois o tempo só se move numa direção. O tempo marcha para a frente, como todos sabem. Se o resultado final de um experimento render uma explosão, por exemplo, não se pode realizar a experiência em reverso, ou seja, da explosão para trás até os materiais combustíveis antes de colidirem. Mas, no mundo quântico, as interações não funcionam do mesmo jeito. De fato, no *quantum*, os processos geralmente são reversíveis. "As partículas subatômicas vivem num mundo governado por uma ciência que às vezes parece ficção científica", diz Kenneth Ford em *The Quantum World*. "As partículas podem, na verdade, mover-se para trás e para frente no tempo, e fazê-lo de modo contínuo."[*]

Wheeler também imaginara partículas se movendo para frente e para trás no tempo.

Richard P. Feunman, aluno de John Wheeler, criou os chamados diagramas de "espaço-tempo" para mostrar,

---

[*] Ford, Kenneth W. *The Quantum World*, p. 85.

simultaneamente, o tempo e o espaço como elementos de vários experimentos. Um diagrama de espaço-tempo aponta com precisão um momento no tempo e uma posição no espaço e pode ser usado para ilustrar o que ocorre, digamos, quando um elétron emite um fóton, como mostrado a seguir:

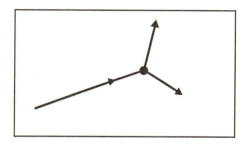

Exemplo do diagrama de Feynman.

O diagrama de espaço-tempo é lido da esquerda para a direita: o elétron inicia do lado esquerdo inferior, depois vemos o ponto de evento quando ele emite um fóton, que vai para o lado direito superior. Kenneth Ford descreve assim a situação:

> No mundo das partículas, os eventos parecem ocorrer nos pontos exatos do espaço-tempo, não espalhados pelo espaço nem pelo tempo. Na verdade, os experimentos indicam que *tudo* o que acontece no mundo subatômico decorre de pequenos eventos explosivos nos pontos de

evento do espaço-tempo, além do qual nada sobrevive. O que chega até o ponto é diferente do que o deixa.*

Uma característica interessante dos diagramas de Feynman é que tanto podem ser lidos para frente como para trás, visto que os processos são reversíveis e, portanto, não dependem do tempo. Desse modo, o tempo como nós o conhecemos não existe: não é significativo, embora cada evento aconteça de fato num ponto específico do espaço-tempo. O tempo é uma conveniência da humanidade e isso nunca foi tão aparente quanto no *quantum*.

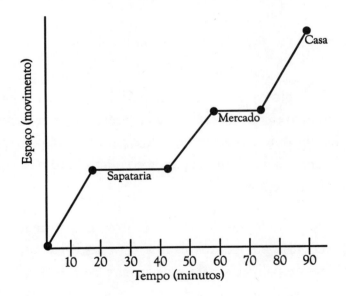

---

* Ibid.

A NATUREZA DO TEMPO

Nesse desenho do espaço-tempo de Feynman, Maria sai do trabalho no canto esquerdo inferior e vai direto à sua sapataria preferida, onde fica por trinta minutos. Em seguida, passa no mercado, onde faz compras por vinte minutos. Depois vai para casa. No *quantum*, esse desenho poderia ser lido ao contrário, da direita para a esquerda, significando que Maria poderia começar em casa, ir ao mercado, depois à sapataria e finalmente ao trabalho. No *quantum*, os dois processos seriam equivalentes, pois o tempo é irrelevante.

~

Com a experiência de escolha retardada de Wheeler e os diagramas de Feynman, podemos ver os corpos subatômicos se movimentando para trás e para frente no tempo e no espaço-tempo, o que significa que o tempo como o conhecemos não é absoluto. Ele não existe do modo como estamos acostumados a percebê-lo; não controla nossa vida. O tempo é o meio para um fim; e o modo como contamos o tempo serve para nos organizar e manter atentos. Empregamos o tempo para dar sentido às coisas, para manter a ordem. As árvores não se preocupam com o tempo, nem os animais. Simplesmente existem. As pessoas precisam do tempo para se certificar de que o ônibus vai chegar na hora esperada e para que possam assistir a seus programas favoritos na tevê, mas a natureza não precisa dele.

E o crescimento? O crescimento não leva tempo? O pensamento linear está tão enraizado na maioria das pessoas que elas podem achar difícil cogitar outro tipo de pensamento. Imaginemos o tempo se movimentando em círculo, e não ao longo de uma linha reta. Talvez ajude pensar no tempo como um ciclo, avançando e depois diminuindo para então avançar de novo. Se pensarmos nesse enrolar e desenrolar como um processo cíclico sem-fim de evolução e destruição, então nem o crescimento requer a linearidade do tempo. Gary Zukav, em *The Dancing Wu Li Masters*, descreve essa ideia, relacionando-a à mitologia:

> A mitologia hindu é praticamente uma projeção em ampla escala do reino psicológico das descobertas microscópicas científicas. As divindades científicas, como Shiva e Vishnu, dançam continuamente a criação e a destruição do Universo, enquanto a imagem budista da roda da vida simboliza o processo infinito de nascimento, morte e renascimento que faz parte do mundo da forma, que é vazio, que é forma.*

Tempos mutantes

Se o tempo não é inerente a nosso Universo, podemos nós também ir para frente e para trás? Fazemos isso

---

* Zukav, Gary. *The Dancing Wu Li Masters*, p. 241.

A NATUREZA DO TEMPO

mentalmente todos os dias e assim mantemos o passado —
que já se desenrolou — vivo. Há um modo de voltar no
tempo por meio da meditação e reescrever nossa história,
deixando-a do jeito que gostaríamos que tivesse sido e assim curando quaisquer danos emocionais gerados. Ao re-
tornarmos ao passado para curar um dano antigo, estare-
mos, de fato, alterando nosso futuro.

Com esse tipo de cura, uma mulher que tenha sofrido abuso sexual na infância, por exemplo, mais tarde será
capaz de manter uma relação amorosa com o marido. A
cura oriunda do passado ocorre todos os dias, mas não
simplesmente de modo rotineiro ou com todas as pessoas
que sofreram. Exige foco, trabalho duro e o tipo de apoio
correto, podendo levar anos para que o dano seja repara-
do. Mas quando ocorre, a cura modifica tudo que está
por vir.

Portanto, a cura de algo em seu passado afetará posi-
tivamente seu futuro.

~

Roberto soube dessa técnica e achou a ideia fascinante. O
pai era alcoólatra e, sempre que bebia, tratava Roberto e
sua mãe com extrema crueldade. Embora fosse um homem responsável e trabalhador, se tornava beligerante,
intolerante e agressivo quando estava embriagado. Quando Roberto tinha 8 anos, sua mãe o levou para morar com
a irmã dela. Fez isso por amor a ele, para deixá-lo a salvo.

A FÍSICA DO SUCESSO

Emocionalmente, Roberto não conseguiu entender aquela decisão e ficou magoado pelo abandono dos pais. Ao acabar o ensino médio, ele parou de se comunicar com eles. Mais tarde, o pai morreu sem que Roberto tivesse a oportunidade de falar com ele sobre o passado.

Na tentativa de curar as velhas mágoas, Roberto entrou para um grupo chamado Filhos Adultos de Alcoólatras. Embora o grupo o auxiliasse (pelo menos ele se sentia compreendido e recebia apoio de outros que haviam sobrevivido a experiências similarmente terríveis), ele não conseguiu curar totalmente o passado. Por fim, cansou-se de permanecer no grupo e achou que se chamar de Filho Adulto significava identificar-se como uma pessoa imatura. Era adulto, homem feito. Não queria ser um Filho Adulto. Apesar das boas intenções do grupo, Roberto ansiava pela cura da vergonha que tivera durante toda a vida. Então, ao saber que podia curar um dano do passado, fez uma meditação com esse intuito.

Em estado meditativo, imaginou-se na infância, antes da ruptura ocorrida aos 8 anos. Viu o velho quarto da casa em que morava com o pai e a mãe. Observou o pai vindo até a porta no final do dia e sentiu o antigo pânico, como se aquilo estivesse realmente acontecendo. Dessa vez, na meditação, Roberto confrontou o pai. Disse-lhe o quanto ficava magoado a cada vez que o pai se embriagava e como sua mãe estava assustada e sofrendo. Roberto estava articulado além do seu eu infantil; falava como

A NATUREZA DO TEMPO

adulto, conversando com o pai a partir da experiência de ter lidado com essa vergonha durante toda a vida. Na meditação, sua mãe também se pronunciou, ecoando os sentimentos de Roberto. Juntos, eles imploraram ao pai que buscasse ajuda e parasse de beber.

Roberto repetiu essa meditação diversas vezes. Cada vez ia mais adiante, expressando melhor seus sentimentos. A última vez que a usou, o pai respondeu de modo positivo. Nessa última meditação, o pai se desculpou e explicou que ele também tivera na infância um pai alcoólatra. Disse a Roberto que parara de beber, entrara para o AA e estava se tratando. Contou que usara o álcool para se sentir superior, mas que sabia haver um modo melhor de lidar com sua vida. Disse a Roberto e à sua mãe que os amava e iria protegê-los.

Ao sair da meditação, Roberto sentiu-se diferente em relação ao pai. Subitamente, entendeu que seu pai era um fraco, com menos recursos emocionais que ele mesmo tinha. O modo como Roberto conseguiu perdoar o pai e a mãe foi o seguinte: mesmo que não conseguisse se obrigar a perdoar o dano que eles lhe haviam causado, o que ele perdoou foi a razão pela qual o fizeram. A meditação lhe deu incentivo para entender os pais; dessa compreensão, veio a compaixão e ele conseguiu perdoá-los. Percebeu-os de modo objetivo, como um homem e uma mulher que haviam sofrido e não se curaram, que não sabiam como reparar o que acontecera e, portanto, não podiam fazer nada melhor do que tinham feito.

Em consequência desse trabalho, Roberto procurou a mãe e restabeleceu contato com ela após muitos anos. Embora seu pai já tivesse morrido, o perdão de Roberto mudou seu modo de perceber a vida. Já não se via como um homem envergonhado; em vez disso, usou a recém-descoberta compaixão para inspirar outros a se ajudarem também.

O preparo para a meditação

Embora haja uma série de tipos de meditação — a Meditação Transcendental utiliza um mantra, ou palavra, que é repetida, e a meditação Zen usa o silêncio, por exemplo —, o método de que usaremos aqui se chama Visualização Guiada. Cada meditação sugerida neste livro tem um propósito específico e você será orientado por meio dela para atingir seu objetivo.

Separe um tempo e local para meditar. Será necessário um lugar tranquilo e confortável para se sentar, onde não ocorram interrupções de pessoas transitando ou de telefonemas. Dê a si mesmo pelo menos vinte minutos ou mais. Se o cômodo estiver na penumbra, é melhor, portanto baixe a persiana ou feche as cortinas se possível. Talvez você prefira ficar sem sapatos ou usar um blusão — faça tudo que lhe dê a sensação de aconchego. Descubra uma posição sentada que seja confortável. Pode também se deitar, mas isso pode dar sono. Decida por si mesmo a

A NATUREZA DO TEMPO

melhor posição a adotar. O importante é escolher uma posição que lhe permita relaxar.

Os seguintes passos preparam para entrar em meditação:

1 Feche os olhos suavemente e sente-se com tranquilidade. Observe sua respiração à medida que o ar entra e sai. Sinta as almofadas embaixo de você e em suas costas. Sinta a segurança com que os pés descansam no solo. Cerque-se de uma atmosfera de calma e serenidade, lembre-se de que está seguro.

2 Quando sentir que é o momento certo, faça uma contagem regressiva lenta e silenciosa, de 10 a 1 e, a cada número, sinta-se relaxando cada vez mais. Imaginar que está descendo um lance de escadas pode ajudar, um degrau para cada número contado. Enquanto conta, concentre-se para chegar ao número 1 totalmente relaxado.

3 Quando chegar ao número 1, imagine-se num local seguro. Pode ser um lugar fechado ou descampado, na natureza. Embora possa basear-se num lugar onde já esteve, trata-se de um local criado por sua imaginação. Seu lugar seguro pode servir de base para

qualquer meditação que queira fazer. Veja o local como o criou ou simplesmente o sinta. É num interior com luz de velas e suavidade? Talvez seja ao ar livre e você esteja cercado de árvores e plantas. Observe a hora do dia. Como é o ar? O importante na meditação é que você sinta; não importa se não visualizar o local seguro, por exemplo. Muitas pessoas não visualizam muita coisa, mas têm a sensação daquilo que as cerca. Seja qual for o modo como você vivencia o local seguro, está bom. O segredo é sentir que está em outro lugar, seguro e protegido, o que significa que sua mente se aquietou e não há tensão.

Nesse ponto, você está pronto para realizar qualquer plano de cura proposto. Por enquanto, reserve alguns minutos para se familiarizar com esse local seguro, ao qual pode retornar para fazer qualquer das meditações deste livro e para outras que possa querer fazer no futuro. Esse lugar é seu e pode ser projetado de qualquer modo que desejar. Ele pode ser modificado a qualquer momento também, caso outro local o atrair. Trata-se de um lugar só seu, feito só para você.

5

Investigar e eliminar

SERÁ QUE ALGUÉM PODE ser bem-sucedido na criação de uma nova vida, até mesmo você? Será que há alguma coisa que pode impedi-lo de ter a vida que deseja?

O objetivo do segundo passo para mudar sua vida — Investigar e eliminar — é descobrir e desarmar qualquer coisa que possa estar em seu caminho. Ao eliminar os obstáculos antes que se tornem um problema, você evita muitas das complicações que, de outra forma, podem interferir em seus sonhos. Para dar esse passo, é preciso agir como um detetive: a ideia é buscar e anular todos os obstáculos concebíveis com antecedência, para que mais tarde eles não o peguem desprotegido e sabotem seus planos. Calcular realisticamente o que pode impedi-lo de realizar seus sonhos mais tarde o prepara para lidar com qualquer obstáculo potencial de modo digno.

A FÍSICA DO SUCESSO

Segundo passo: Investigar e eliminar

Como investigar? Papel e caneta se fazem necessários para este segundo passo. O que se faz é uma série de perguntas e se escrevem as respostas. É bom observar que não há limite de tempo para este ou qualquer outro dos passos restantes. Passe o tempo necessário nesta fase da especulação. Esta fase poderia levar uma série de horas intensas para algumas pessoas e para outras algumas semanas, meses ou até mais. É você que determina o tempo que este passo levará e isso nada tem a ver com sua eficácia. O sucesso pode ocorrer com um andamento rápido ou lento. A escolha é sua, siga seu próprio ritmo. Talvez você deseje realizar cada fase separadamente. As séries de perguntas são agrupadas e há pontos naturais de interrupção.

É importante ser verdadeiro e meticuloso. Neste passo especialmente investigativo, é fundamental anotar tudo. Não tente se apressar pelos exercícios ou tomar atalhos respondendo mentalmente às perguntas. Este passo não funciona se as respostas não forem escritas; e é preciso ser detalhado e completo. Ninguém mais precisa ver o que foi escrito, portanto não faça reservas. Separe o tempo necessário para responder a essas perguntas e envolva todo o seu ser na investigação! Como isso vai ser feito de qualquer forma, também é possível fazer deste trabalho detetivesco uma aventura. O segredo é ficar totalmente envolvido. Mergulhe neste passo do processo.

INVESTIGAR E ELIMINAR

1 *Comece se perguntando o que você quer.* O que está tentando modificar em sua vida? Talvez queira um novo emprego, uma casa, mais dinheiro ou um relacionamento amoroso, ou então quer parar de fumar, emagrecer; talvez queira encontrar um companheiro ou alguém para casar; talvez precise curar um dano emocional. A mudança pode até ter a ver com o modo como lida com as pessoas. Talvez queira ser mais gentil ou paciente, por exemplo. Seja qual for a mudança que queira fazer neste momento, anote-a no papel.

2 Em seguida, *pergunte-se por que deseja fazer essa mudança.* Não fique com a primeira resposta, "porque é bom ter dinheiro", ou qualquer coisa que lhe vier à cabeça, como uma resposta rápida. Em vez disso, pense no assunto. Por que, de fato, deseja aquilo? O que irá significar em sua vida? De que modo sua vida será diferente se conseguir o que quer? Seja minucioso. O que o está inspirando a mudar essa situação neste momento específico? Algo aconteceu para precipitá-lo a tomar uma atitude? Você percebeu alguma coisa em sua vida recentemente que o está impulsionando a mudar? Seja específico sobre qualquer coisa e anote.

A FÍSICA DO SUCESSO

3 Esta próxima pergunta é significativa e irá desafiar muita gente. *Pergunte-se pelas razões para não querer essa mudança.* "Por que não quero? Mas eu quero", é a resposta instantânea. Talvez sim, mas é preciso verificar qualquer motivo possível para talvez não querer, de fato, lá no fundo. Talvez o surpreenda perceber que há muito mais motivos para não querer aquilo do que para querer.

~

George fez esse exercício devido a seu desejo de ter uma namorada. Escreveu que queria alguém para amar, uma mulher com quem compartilhar a vida, com quem jantar e alguém para apoiá-lo quando precisasse. Foi difícil arrumar motivos para não querer uma namorada. Afinal, não era sobre isso que conversava com os amigos durante todo o tempo? Por que não conseguia falar com ninguém sem compartilhar seu profundo desejo de ter uma companheira? "Nada importa se não houver alguém para amar", era como se expressava. Essa terceira pergunta realmente o deixou confuso até que um amigo fez uma observação, à qual George resistiu bastante. Seu amigo sugeriu que talvez ele preferisse a ideia de querer uma mulher a realmente ter uma em sua vida.

INVESTIGAR E ELIMINAR

"É como se fosse um hobby para você, George", foi o que ele disse. "Você deseja e anseia, mas nunca faz com que aconteça."

A princípio, George negou a ideia (e ficou bem aborrecido com o amigo por sugerir isso), mas, depois de algum tempo, percebeu que realmente era verdade. Percebeu que conseguia algo através de não ter o que queria. Uma das coisas era que ele reclamava por estar sozinho e recebia um fluxo constante de atenção solidária dos amigos. Muitos deles haviam ficado acordados até a madrugada com ele, conversando sobre modos de encontrar uma mulher que completasse sua vida. Finalmente, ele também viu que usava a ausência de um relacionamento como desculpa para também não ter sucesso em outras áreas da vida. Estava fora de forma, não se exercitava, nem se alimentava direito. Além disso, sempre usava velhas calças cinza de abrigo, como se a aparência nada significasse para ele.

Por mais que odiasse admitir, até para si mesmo, ele também se deu conta de que estava usando sua solteirice solitária como um tipo de taco emocional, batendo em sua mãe com ele. Costumava dizer: "Pode esperar sentada pelo nascimento de seus netos, mãe." Quanto mais cavava em busca da verdade, menos George se importava com esse exercício. Ele não esperava se deparar com a verdade; era desconfortável e, contudo, estranhamente, também libertador.

Olhe para seu passado para descobrir as pistas de possíveis motivos para que você realmente não queira o que diz querer. Terá sido algo que aconteceu na infância relativo a esse assunto? Veja o que há e anote. A infância de George não havia sido boa; os pais brigavam o tempo todo até se divorciarem, quando ele tinha 9 anos. Quando criança, ele costumava dizer: "Nunca vou me casar! O casamento é horrível." Ele anotou isso e cogitou se aquela velha declaração feita aos 9 anos não podia de algum modo o estar influenciando agora.

Uma voz mental

Outro lugar onde procurar por pistas é aquela voz mental negativa que está sempre dizendo que a gente não pode conseguir o que quer. Trata-se daquela voz crítica, aquela que diz que estamos sempre errados, que estamos a ponto de fracassar, que iremos parecer tolos, e depois oferece uma variedade de outros comentários negativos sobre qualquer coisa. Aquela voz, que chamo de Voz das Trevas, não é verdadeira, e nem precisa ser, mas irá se pronunciar e influenciar nossa vida enquanto permitirmos. Nesse caso, é importante deixar que fale agora, para que não atravesse seu caminho depois. A Voz das Trevas tem opinião sobre tudo, inclusive sobre a mudança que você deseja fazer agora. "Você não vai encontrar ninguém que o ame", disse a Voz das Trevas de George com um sorriso

INVESTIGAR E ELIMINAR

de escárnio. Ouça o que sua Voz das Trevas diz e anote. Assim, é possível escolher ouvi-la. Se não lhe for dada a oportunidade de falar agora, ela pode entrar sorrateiramente mais tarde e sabotar o que você está criando. Dar à Voz das Trevas uma oportunidade de fazer os comentários negativos com antecedência a deixará desarmada.

A seguir, há uma série de motivos para você não desejar verdadeiramente qualquer coisa que tenha identificado. O impedimento pode ser a aceitação de substitutos. Substituto é o que você pega em vez daquilo que diz desejar e cada um deles tem a própria motivação. Use os seguintes substitutos como pistas para ajudá-lo a calcular quais desses obstáculos — ou outros como eles — podem atravessar seu caminho.

Aqui é importante dizer a verdade. Lembre-se: ninguém mais precisa saber o que foi descoberto.

Substitutos

Evitar a verdade: o que você está evitando para não fazer a mudança que deseja? No caso de George, a primeira coisa que ele estava evitando era a responsabilidade de ter o relacionamento íntimo que desejava. Na verdade, ele evitava a responsabilidade vivendo como vítima: vivia seu cotidiano à mercê dos Deuses do Relacionamento, esperando que lhe enviassem uma namorada. Ele também evitava ser honesto, não compartilhava seus planos e de-

A FÍSICA DO SUCESSO

cisões com ninguém e evitava a confiança — preferindo controlar tudo por conta própria. Evitava até dizer a si mesmo a verdade sobre manipular os amigos com sua solidão.

Sentir pena de si mesmo: é fácil cair na autopiedade. Uma vez que você se dê conta de estar criando obstáculos para si mesmo e de que você mesmo impediu a mudança de curso em sua vida, a autopiedade é a resposta natural. Às vezes, é difícil reconhecer a autopiedade, então eis uma pista para ver se você sente pena de si mesmo: se a resposta natural ao que está pensando e/ou dizendo é "coitado", bingo. Um modo de parar de sentir pena de si mesmo é fingir que arranjou a situação de propósito. Para tentar esse método, George disse a si mesmo: "Planejei estar solteiro aos 45 anos." Depois de fingir que era verdade, começou a sentir que era verdade e começou a cogitar se não era mesmo essa a verdade, tornando-se responsável, daí em diante, pela própria condição de solteiro.

Culpar: você está se fingindo de vítima e atribuindo a culpa a outra pessoa ou coisa? George costuma dizer que todas as mulheres que conhecia eram casadas ou homossexuais; então era por isso que não conseguia encontrar uma companheira. Culpar é sempre mais simples do que reconhecer o próprio papel na situação. Para George, era mais simples dizer que a culpa por ele estar sozinho era das mulheres. Ele também culpava sua ex-namorada pelo

INVESTIGAR E ELIMINAR

modo como o relacionamento acabara. "É culpa dela eu estar sozinho", ele achava.

Ficar apegado ao passado: existe algo em seu histórico pessoal que está ligado às mudanças que deseja fazer? Há algo que deseja corrigir antes de fazer essa mudança? Ou você está, na verdade, tentando usar a própria mudança para consertar o passado? Esse foi um grande desafio para George. Sua ex-namorada era uma mulher casada e assim permanecera durante todo tempo. Ele se sentia envergonhado por ter tido aquele caso e nunca se perdoou realmente por isso. Achava que, se tivesse outra namorada, poderia deixar de se sentir mal e que o novo relacionamento, de alguma forma, absolveria sua culpa em relação à indiscrição passada.

Ficar apegado ao passado o mantém vivo, dando-lhe poder sobre sua vida atual. Em vez de reviver constantemente um antigo evento, você pode curar o dano emocional causado e essa cura o modificará. É você que precisa mudar, não o passado.

A FÍSICA DO SUCESSO

Se estiver procurando pela nova mudança em sua vida para apagar algo do passado, isso não vai funcionar. Em primeiro lugar, o desejo de consertar o passado será uma obstrução, impedindo que a mudança ocorra. Em segundo lugar, mesmo que você tenha realizado a mudança, não pode consertar o passado. O passado acabou; já está completo, finito. Ter um novo relacionamento não mudará a culpa que George sente em relação ao caso passado. Se você estiver esperando consertar ou curar o passado antes de seguir em frente, ficará focando nele e ficará preso exatamente no ponto que está tentando consertar. Na verdade, quanto mais focamos em algo, mais aquilo influencia a nossa vida. Lembre-se: criamos a realidade ao observá-la, portanto, se você se concentrar em algo, esse algo vai aparecer diante de você. Fazemos exatamente o oposto para nos livrar de algo; em vez de focar naquilo, deixamos que se torne insignificante, mudando nossa atitude a respeito.

É hora de deixar o passado ficar como está e seguir adiante. Além disso, o que se quer é que a mudança seja sobre o futuro, não sobre o passado. O que já aconteceu pode ter causado um dano que necessita ser curado e, mais adiante, veremos um modo eficaz de realizar essa cura. Agora pergunte a si mesmo se quer a mudança para corrigir o passado. Se for isso, aceite que não irá funcionar e siga para a próxima pergunta.

Raiva: será que você não está se apoiando numa raiva justificada em vez de fazer as mudanças que deseja? Abraçar

INVESTIGAR E ELIMINAR

o ressentimento e ficar com aquela justificativa como substituto bloqueará a mudança. George criticava a si mesmo pelo caso que tivera e nutria uma raiva profunda pela amante por ter ficado com o marido. Mesmo tendo-lhe dito durante todo o tempo que não arriscaria seu casamento, George imaginava que iria convencê-la a se divorciar. Como não conseguiu, ele nunca deixou de sentir raiva dela. Mesmo agora, continuava indignado, sentindo-se incrivelmente correto, e falava sem parar sobre o assunto. Um relacionamento feliz e amoroso com uma nova companheira iria interferir em sua raiva justificada em relação à ex-amante casada. Lá no fundo, ele não queria se livrar daquilo, pois levava vantagem nesse assunto.

Promessa: você está procurando por uma promessa? Prometa-me que, quando eu emagrecer, parar de fumar, ficar saudável, encontrar o amor da minha vida, ou seja qual for seu desejo, tudo será perfeito e viverei feliz para sempre. Buscar uma promessa, esperar um tipo de garantia de que essa mudança deixará tudo perfeito também não vai funcionar. George pensava: "Tudo bem, se eu abandonar a culpa, a raiva e a autopiedade e encontrar uma mulher maravilhosa, onde está a garantia de que ter um relacionamento resolverá meus problemas? Você me promete que tudo ficará bem?" Não. Ninguém pode prometer isso. Não há garantia de que a vida funcionará do modo como você quer, não importa o que aconteça. Com ou sem essa mudança, não há garantia. Mas certamente você pode

A FÍSICA DO SUCESSO

aumentar as probabilidades de ter uma vida feliz, como veremos nas páginas seguintes.

Compromissos que limitam

Outra área a ser investigada são os relacionamentos em sua vida. Há algum acordo tácito entre você e outra pessoa? Após o divórcio dos pais, quando era menino, George passou a morar com a mãe. Ela dizia muitas vezes que ele era o homem da casa. "Você é tudo que me restou", costumava dizer. "Você nunca vai me deixar, não é, George?" Ele prometeu que nunca a deixaria e, mesmo que agora fosse um adulto vivendo por conta própria, ainda se sentia responsável pela mãe. Em seu inconsciente, George sabia que não poderia ser realmente feliz enquanto não tornasse feliz a vida da mãe. Mas isso não seria fácil, visto que na época ela estava levando uma existência bem infeliz, a muitos quilômetros de distância, em outro estado. Na verdade, mesmo que tivesse havido um modo realista de tornar a vida dela feliz, George não queria manter um acordo que fizera aos 9 anos. Se você tiver um pacto limitador com alguém do passado ou do presente, ele tem de ser anulado, antes que lhe seja permitido seguir adiante. Um modo de romper o contrato é fazê-lo em meditação.*

---

* Para entrar em meditação, veja as instruções da p. 63.

INVESTIGAR E ELIMINAR

Meditação para abolir compromissos que limitam

1 Após a entrada em meditação pela contagem regressiva, estando em seu local seguro, traga a pessoa com quem tem o acordo que o imobiliza. Caso a presença dessa pessoa em seu local seguro lhe traga desconforto, não a leve ali. Vá até a pessoa mentalmente ou encontre-a em algum local neutro. Seja como for, determine que a meditação será eficaz em qualquer lugar onde a encontrar. Você está no comando e as coisas seguirão seu caminho.

2 Imagine que o acordo está escrito à mão num pergaminho que você lê, talvez como uma proclamação. Ou talvez prefira vê-lo como algum tipo de documento legal, um contrato de aluguel, por exemplo, levando sua assinatura. Seja qual for o modo de visualização, está bem; a parte significativa é que pareça oficial e que o documento contenha sua assinatura.

3 Pegue uma caneta por perto e escreva as palavras ANULADO, SEM VALIDADE atravessadas na folha. Abaixo dessas palavras, assine o documento e entregue a caneta para a outra pessoa. Observe enquanto ela assina também. Apertem as mãos para selar o acordo e preste atenção enquanto ela vai embora. Observe silenciosamente, desejando o bem da pessoa. Deixe que ela desapareça de seu campo visual.

4 Qual é a sensação de se livrar dessa obrigação?

George fez essa meditação e, para simbolizar a anulação do acordo, ele também escreveu uma cartinha à mãe, que não pretendia enviar de fato. Dizia o seguinte:

> *Querida mãe,*
>
> *Mudei de ideia a respeito de fazê-la feliz antes que eu mesmo pudesse ser feliz. Por mais que eu a ame, nós dois sabemos que você precisa ficar por conta própria na vida e eu, na minha. Não posso mais me responsabilizar por você, não importa o quanto me preocupe com você.*
>
> *Amor eterno,*
> *George*

Assim que tiver respondido às perguntas mencionadas, você estará pronto para a próxima fase. Lembre-se: você não pode consertar o passado... mas pode curar o dano causado.

INVESTIGAR E ELIMINAR

O que é mudança?

Uma vez tendo eliminado tudo que pudesse interferir no caminho, você está pronto para começar a fazer mudanças. Muitas pessoas acham a mudança assustadora e tentam evitá-la, ao passo que outras simplesmente não gostam de mudar e outras ainda a abraçam, considerando-a fascinante. Mudar é um aspecto importante do crescimento e não se pode crescer, física, emocional ou espiritualmente sem mudar.

No *quantum*, a mudança assume um significado totalmente diferente. Como você abordaria a ideia de mudança se descobrisse que os cientistas têm provas de que as entidades subatômicas, espontaneamente, sem provocação e por vontade própria, transformam um tipo de ser em outro?

Como vimos, aquele antigo modelo planetário que estudamos na escola não é exato no *quantum*. Os elétrons não orbitam o núcleo dentro daquele modelo elíptico perfeito dos planetas orbitando o Sol. Na verdade, até que os observemos, os elétrons estão em todos os lugares do átomo como ondas invisíveis de energia. Com nossa observação, os elétrons se tornam partículas de substância física com localizações específicas. Niels Bohr postulava que os elétrons também existem em diferentes estados energéticos e que mudam de estado subitamente, com consentimento mútuo. O elétron de um átomo de hidrogênio existe num estado de energia, por exemplo, e depois dá

A FÍSICA DO SUCESSO

um "salto quântico" para um estado inferior de energia. O elétron continua saltando para baixo até alcançar seu "estado básico" e o faz espontaneamente.* Apesar das ideias de Newton, o elétron não requer uma causa que o faça saltar. Ele o faz inesperadamente, sem qualquer fator causal aparente. Em consequência, um salto quântico não é determinado nem previsível.

No mundo da física quântica, só há probabilidades, não certezas. Há uma probabilidade de que o elétron saltará, mas não podemos saber com precisão se ou quando isso irá acontecer. Se realmente saltar, não sabemos para qual estado será. De fato, como Kenneth Ford diz em *The Quantum World*: "Um salto quântico... é realmente uma miniexplosão, na qual o que havia lá 'antes' desaparece para ser substituído pelo que estiver lá 'depois'".**

Ou seja, o modo como o elétron muda seus estados de energia, repentinamente e à sua vontade, é como se fosse mágica. Em um segundo, ele está num plano, depois desaparece e prontamente reaparece em outro local, num outro plano de energia.

---

* Em *The Quantum World*, de Kenneth W. Ford, há uma excelente ilustração do elétron "descendo para um estado mais baixo de energia", como se estivesse descendo uma escadaria.

** Ford, Kenneth W. *The Quantum World*.

INVESTIGAR E ELIMINAR

> *Os cientistas acreditam que cada reação possível tem alguma probabilidade de ocorrer.*

O fato de que cada reação tenha alguma probabilidade de ocorrer indica que, em nosso mundo, qualquer coisa e todas as coisas podem acontecer, mesmo aquilo que não consideramos possível. Nada é impossível! Visto que criamos o que acontece escolhendo o que observamos, só nós mesmos limitamos nossas próprias possibilidades. É tudo conosco. É você quem diz: "Não posso vencer; não posso conseguir um 10; nunca vou conseguir uma casa; nunca vou encontrar um companheiro..." Como até os cientistas acreditam haver alguma probabilidade para cada possibilidade, cabe a nós mudar nosso modo de pensar e reconhecer esse fato também.

A mudança é instantânea

O que percebemos com os saltos quânticos é que a mudança é instantânea. Como as partículas subatômicas que saltam repentinamente de um estado energético para outro, transformando-se nesse processo, nós também podemos mudar; podemos nos transformar. Quando uma pessoa está verdadeiramente pronta para fazer uma mudança —

quando você está pronto para mudar —, não há envolvimento de tempo. Pergunte às pessoas que pararam de fumar ou se afastaram de qualquer vício e elas lhe dirão. Havia um momento em que eram viciadas e outro em que estavam livres. O tempo chega depois de ocorrer a mudança e é depois de um período de tempo que os efeitos e resultados da mudança aparecem.

> *A mudança é instantânea. Como as partículas subatômicas que abruptamente saltam de um plano energético para outro, transformando-se no processo, nós também podemos mudar.*

Uma mudança, grande ou pequena, exige preparo e trabalho, mas não tempo. Entretanto, o tempo é necessário para que observemos e reconheçamos que a mudança ocorreu. Como mágica, a mudança faz o que estava lá "antes" desaparecer, substituindo-o com o que está lá "depois". Uma pessoa começa o processo como um homem que fuma e completa a transformação tornando-se um não fumante. A transformação ocorre num instante, mas, é claro, leva semanas ou meses para vê-lo em seu novo estilo de vida, saudável e livre do cigarro.

Em nossa mente, a mudança acontece de modo tão misterioso como no *quantum*. Entretanto, os resultados

INVESTIGAR E ELIMINAR

da mudança, os que realmente podem ser vistos, desenrolam-se lentamente. As evidências de se ter rompido um mau hábito, por exemplo, aparecem com o tempo. Como humanos, necessitamos de provas. Uma mulher que diz "Parei de beber hoje de manhã" pode ou não ter tanto crédito quanto alguém que parou anos atrás, mas não saberemos com certeza até vermos o resultado ficar evidente durante as semanas e os meses seguintes. O importante é ficar no espaço emocional certo, no "estado de espírito" que o ajudará a curar e mudar. Os resultados, as manifestações físicas dessa mudança espontânea, ficarão aparentes à medida que desabrocharem lentamente ao longo do tempo. A própria mudança é tão magicamente instantânea quanto um salto quântico.

O modo de mudar qualquer coisa na vida:
1. Elimine o que não está funcionando.
2. Substitua isso pelo que deseja.

É preciso preparar-se e disponibilizar-se a tomar a decisão para fazer a mudança e se curar. Parece fácil, não é? "É claro que quero mudar", você diz. Mas a decisão deve ser genuína; não tem a ver com meramente falar. Se você acha que realmente quer mudar e isso não acontece, terá de honestamente examinar suas motivações, convicções e determinação.

6

Cavar mais fundo

ESTA PRÓXIMA PARTE DO processo pode ser bem divertida. Ao usar a imaginação, você gerará as mudanças
que deseja ver em sua vida, na vida dos outros e em seu
mundo. Há uma série de técnicas a serem usadas para
manifestar o que você quer; e todas elas dependem do uso
de sua criatividade.

"Mas eu não sou criativo", você pode dizer. "Não sou
de escrever, não sei desenhar nem toco um instrumento."
Para este passo do processo, não é preciso ser poeta, pin-
tor ou ator. Todo mundo no planeta é criativo o suficiente
para dar este passo, pois cada um já está dando. Já estamos criando nosso mundo a cada dia que passa — e o
fazemos ao escolher o que observar!

Até agora, você só estava criando e observando automaticamente. Este método é como respirar. Não é preciso
concentrar-se em cada respiração, determinando a hora
de inspirar e expirar; é algo automático. O coração bom-

A FÍSICA DO SUCESSO

beia o sangue, o estômago digere os alimentos, os outros músculos involuntários funcionam sem nossas instruções deliberadas, conscientes. O modo como viemos criando nosso próprio mundo tem funcionado como um músculo involuntário. No terceiro passo, você começa a fazer as mudanças que quer para sua vida deliberadamente.

"Estou começando com o homem no espelho. Estou lhe pedindo que mude de atitude. E nenhuma mensagem poderia ser mais clara: se você quiser fazer do mundo um lugar melhor, dê uma olhada para si mesmo e faça a mudança."

— *"Man in the Mirror"*
Siedah Garrett, Glen Ballard & Michael Jackson

Nosso mundo é formado pelo que observamos, usando nossos sentidos. Portanto, a escolha do que você observa só depende de si. Para ver o mundo que deseja, o que inclui as mudanças desejadas, o trabalho começa dentro de si mesmo, não com o que está sendo observado.

~

CAVAR MAIS FUNDO

Em nosso próprio mundo, somos tudo: escritor, diretor e ator principal de nosso próprio filme. Para que um filme seja satisfatório e interessante, o roteiro deve ser imaginativo, a direção, clara, e a atuação deve ter a dramaticidade ou a sutileza desejada. Se quisermos nosso filme repleto de drama, tensão, com situações de arrebentar os nervos, pleno de conflitos contínuos e corações partidos, assim será. Pense nas pessoas que conhece. Algumas parecem viver uma série de momentos dramáticos, lotados de ascensões e quedas teatrais? O filme que a pessoa está criando é um suspense para que todos vejam, embora, talvez, não seja o modo mais saudável de viver. Qualquer evento que lembre um ser pendurado num penhasco provoca estresse na pessoa e, como sabemos, excesso de estresse não é algo benéfico à saúde humana.

Por outro lado, se você quer uma vida de elegância e harmonia, em que as coisas funcionem bem para você e os seus, é possível criar esse roteiro também.

Como ocorre com todas as analogias, esta se rompe em algum ponto e eis-nos aqui. O que torna um roteiro cinematográfico envolvente é o conflito; entretanto, para nossa vida, a harmonia é mais valiosa. Só porque ninguém pagaria para assistir a um filme cheio de dias pacíficos e alegres, seguidos por mais dias pacíficos e alegres, com todo mundo se dando muito bem e vivendo na abundância resultante do sucesso, não quer dizer que todos nós não preferiríamos viver assim.

A FÍSICA DO SUCESSO

Na verdade, não queremos todos a mesma coisa? Todo mundo quer alguma versão de uma vida cheia de amor, alegria, projetos significativos, sucesso, relacionamentos gratificantes, dinheiro suficiente e boa saúde para aproveitar tudo. Esse tipo de paz deixaria um filme incrivelmente chato. Mesmo assim, deixa uma vida magnífica.

Algumas pessoas acham que é a luta para superar problemas, a contenda, a dor, as dificuldades e as situações preocupantes da vida que nos fazem crescer. É fato que podemos fazer descobertas com fases difíceis e, quando nos deparamos com circunstâncias desafiadoras, sempre é aconselhável tirar o maior proveito disso e aprender com as experiências. Todavia, não é só por meio das dificuldades e da luta que crescemos.

Se você pudesse aprender com a tristeza e a discórdia ou com a diversão e o riso, qual escolheria? A escolha é sua. Lembre-se: quem escreve o roteiro para seu filme é você mesmo. Ao terminar de ler este livro, você terá todas as ferramentas necessárias para, conscientemente, escolher como quer aprender as lições de sua vida.

A criação do próprio mundo por meio do subconsciente

Se estivermos criando nosso mundo pela observação e, mesmo assim, não estivermos cientes disso, como é possível sermos responsáveis por ele? Para entender como o

CAVAR MAIS FUNDO

processo funciona, precisamos examinar exatamente o que fazemos para criar nosso mundo.

Sigmund Freud percebeu que o comportamento de seus pacientes parecia ser impulsionado por motivações e experiências, de cuja maioria os pacientes nem tinham consciência. Como resultado do estudo desses impulsos e desejos que se encontravam abaixo do plano da consciência, no subconsciente, Freud reconheceu que fatores subconscientes poderiam influenciar o comportamento de uma pessoa de modo poderoso.

A mente subconsciente é o local em que as crenças, atitudes, pensamentos, sentimentos, decisões e escolhas são feitas, tecendo automaticamente sua vida. O segredo é trazer o que está no subconsciente para a superfície. Ao trazer tais aspectos para a consciência, você pode, então, assumir o controle e direcioná-los.

A mente subconsciente funciona como um programa de computador que foi instalado sem o nosso conhecimento.

Cada fato que aprendemos, cada juramento que fizemos e cada uma de nossas crenças encontram-se no subconsciente. Sua função é criar um mundo a ser observado que combine com tudo que ele possui. Como não sabe-

A FÍSICA DO SUCESSO

mos conscientemente o que nosso subconsciente está usando como modelo para criar nosso mundo, teremos de pesquisar e descobrir que impressões digitais são essas. Uma vez tomando conhecimento do que a mente inconsciente está usando como modelo, podemos mudá-lo, o que, por sua vez, produzirá um resultado diferente para que o observemos e o tornemos real em nosso mundo.

Uma das qualidades especialmente interessantes de nosso subconsciente é que é fácil enganá-lo. Ele não reconhece a diferença entre o que de fato ocorre em nossa vida e o que fingimos que acontece, por meio da visualização, por exemplo. Esse fato é a base para as técnicas que se seguem e explica por que funcionam tão bem. Anos atrás, houve uma experiência realizada com uma equipe de basquete, que foi dividida em três grupos. O primeiro treinou como sempre. O segundo não treinou. O terceiro grupo também não treinou, mas imaginou tê-lo feito. A consequência foi que o grupo que treinou e o que imaginou ter treinado tiveram exatamente o mesmo resultado. O grupo que não fez nada não mostrou progresso algum.

Em resumo, se você convencer seu subconsciente que está ficando mais saudável, mais forte, mais feliz e mais rico, isso acaba se tornando verdade, pois sua mente inconsciente criará um mundo que contém esses elementos. É assim que o subconsciente funciona.* Entretanto, não é uma questão de meramente dizer as palavras; é pre-

---

* Lazaris, *Discovering your Subconscious*, áudio, www.lazaris.com.

ciso honestamente acreditar nelas. Se você acreditar de fato que o que deseja vai acontecer, essa sinceridade convencerá seu subconsciente e ele produzirá o que você deseja em seu mundo.

Há uma série de maneiras de entrar em contato com o subconsciente e veremos algumas delas aqui.

Um modo interessante e eficaz de se envolver com o subconsciente é por meio da visualização, recorrendo a uma abordagem meditativa. Visualizar é um modo de "fazer crer", de fingir que alguma coisa que se deseja já é real. Não é necessário ver realmente uma imagem mental, mas, se for assim, tudo bem. Apesar do nome, o objetivo da visualização é sentir, mais do que ver. O importante é sentir como se fosse algo genuíno, agindo como se o fosse. É o sentimento que convence seu subconsciente que é real, não a imagem.

Técnica de visualização

> Para experimentar como é visualizar algo, feche os olhos por um instante. Pense naquilo que deseja e finja tê-lo. Imagine ou sinta mentalmente. Qual é a sensação de ter o que você quer? O quanto isso o deixa entusiasmado, aliviado e feliz? Se não conseguir ver nada, tudo bem. O importante é sentir.

> *Para visualizar, concentre-se em seus sentimentos. Sinta apenas — finja que é real agora mesmo, que realmente está acontecendo e que você já atingiu seu objetivo.*

Um modo de envolver o subconsciente numa experiência meditativa é fingir que ele é uma pessoa.

Meditação para envolver o subconsciente

1 Uma vez tendo feito a contagem regressiva e entrado em meditação,* vá para um local seguro. Convoque o subconsciente e imagine uma pessoa entrando em seu espaço. Personifique o subconsciente retratando alguém que se pareça com sua ideia dela. Seja imaginativo! É homem ou mulher? É alta, baixa, usa óculos? Fala num tom grave e autoritário, com sotaque, ou é suave? Como é seu subconsciente? É bagunçado como o Pigpen das tirinhas do Peanuts? Limpo e organizado como um militar? Seja qual for sua criação, é a que lhe serve; siga-a.

---

* Para entrar em meditação, veja as instruções da p. 63.

CAVAR MAIS FUNDO

2 Convide-o a ficar com você, a se sentar e familiarizar-se fazendo perguntas. Questione a mudança que deseja. "O que você acha de eu conseguir outro emprego?", foi o que Marie perguntou ao fazer este exercício. Seu subconsciente, que, para ela, era um homem alto e magro vestido num terno, lhe disse que acreditava que ela nunca seria realmente bem-sucedida na carreira. Aquilo era uma péssima notícia. No entanto, era bem informativa e, quando ela se deu conta disso, conseguiu trabalhar a questão e mudar o padrão.

3 Na meditação, seja meticuloso em suas perguntas e escute as respostas com atenção. Agradeça ao subconsciente por ajudá-lo e então saia da meditação. Escreva tudo que ouviu.

~

Outra técnica de visualização é imaginar o subconsciente como um vasto depósito de conhecimento ou dados, como lhe parecer mais provável. Talvez seja mesmo um depósito com caixas empilhadas de papéis ou uma biblioteca cheia de livros, ou um sistema de computador... qualquer coisa que lhe parecer adequada. Na meditação,

A FÍSICA DO SUCESSO

você verá as informações por escrito, seja em listas ou em quadros, em forma de ficha de arquivo para livros ou na tela do computador. (Lembre-se: se você não "visualizar" nada, simplesmente sinta.) Faça suas perguntas do modo que lhe parecer melhor. O que diz seu subconsciente sobre seu objetivo? Investigue esse lugar, procure as respostas nos livros ou digite as perguntas no teclado e veja as respostas sendo exibidas na tela do computador. Assim que sair da meditação, anote qualquer informação que tiver conseguido.

Técnica de colagem

A terceira técnica não envolve meditação e pode ser divertida e envolvente. Se quiser, pode compartilhar este processo com um amigo. Reúna algumas revistas velhas e, com o assunto em mente, recorte as palavras e figuras que o cativarem. Neste exercício, é muito importante não refletir sobre a razão para escolher cada figura; apenas use aquelas que o atraem ou que parecem as certas, mesmo que não pareçam ligadas ao tópico. Se estiver fazendo isso com um amigo, podem tornar o processo ainda mais divertido ajudando um ao outro. Pegue uma folha de papel e arrume os recortes, criando uma colagem. Quando achar que não precisa de mais nada, pode colar as figuras. Você vai saber quando estiver pronta. Confie em si mesmo. Em seguida, afaste-se da colagem por um ou dois

CAVAR MAIS FUNDO

dias. Vá trabalhar, assista tevê, ouça música ou converse com amigos sobre outras coisas que não sejam a mudança que deseja para sua vida.

Ao voltar para a colagem, olhe para o que pôs ali com uma visão discernida. O que verá são símbolos, isto é, a linguagem do inconsciente. Ao fazer esse exercício, Barry queria parar de fumar. Recortou as figuras das revistas enquanto pensava em largar o cigarro; depois, colou-as numa folha de papel branco numa ordem que lhe pareceu casual. Deixou o papel de lado e se encontrou com um amigo para almoçar. Então, eles se envolveram numa discussão calorosa sobre um livro que haviam lido. No dia seguinte, ele foi trabalhar como sempre e só no final do dia retornou à sua colagem e a olhou com visão fresca. A princípio, ela lhe pareceu uma má combinação de itens sem relação, mas, ao olhar mais de perto, conseguiu perceber que havia um tema. As palavras "Nunca diga morra" serviam de emblema no alto. Depois havia uma figura de Linus, o amigo de Charlie Brown, segurando o cobertor e, ao lado disso, o retrato de uma mulher que o fazia lembrar-se de sua mãe. Na figura seguinte, uma menina caminhava levando um vaso pesado na cabeça. Havia diversas outras figuras e palavras. A frase "Será que ele consegue?" estava lá, com um sujeito se exercitando com aparelhos e, ao lado, um time de futebol, em plena confusão.

Alguns dos símbolos eram de fácil interpretação. Linus e seu cobertor não exigiam muito pensar (o cigarro

A FÍSICA DO SUCESSO

proporcionava certa segurança a Barry), e ele conseguia dar significado a tudo que pusera na colagem, exceto para a menina com o vaso na cabeça. Ao mostrar o trabalho à namorada naquela noite, ela comentou: "Então você acha que deixar de fumar é um peso, não é?"

~

Suzanne e a amiga Beth passaram uma tarde fazendo a técnica da colagem. Encontraram-se na casa de Suzanne e reuniram suas revistas velhas. Cada uma pensava no próprio projeto (Suzanne queria um homem em sua vida e Beth, um emprego) enquanto escolhia as figuras e também ajudava a amiga. Suzanne pediu que Beth lhe desse qualquer figura de casamento que encontrasse.

"Certo", disse Beth. "E me dê a palavra 'gerente' se encontrar." Elas estavam gostando de trabalhar juntas na colagem. Depois de acabarem e se afastarem por algum tempo das colagens, elas voltaram para analisar o trabalho feito. Juntas, conseguiram perceber o significado de todos os símbolos das duas colagens.

Identificando as crenças e atitudes existentes em seu subconsciente, você as traz ao consciente: uma vez cientes, elas já não estão mais ocultas. Agora é possível mudá-las deliberadamente e seu mundo — aquele que você observa — irá refletir as mudanças.

Seu subconsciente executará os detalhes de sua vida para você, com base em quaisquer programas que tiver. Se

CAVAR MAIS FUNDO

você assumir o controle e dirigir o que está lá, o subconsciente criará sua vida, e seu mundo será como você escolheu.

Quando há acontecimentos inesperados ou indesejados em seu mundo é por causa de algum ou alguns programas do subconsciente, dos quais é provável que você não estivesse consciente. Quanto mais cônscio você estiver dos conteúdos do subconsciente, mais deliberado poderá ficar em relação a assumir o controle do que acontece. Como resultado, seu mundo e sua vida podem ficar mais a seu gosto.

Você pode também ser responsável assumindo o controle pelo que entra em seu subconsciente hoje. Sempre que ouvir um comentário negativo ou limitador, como "Você não vai chegar na hora" ou "A vida não passa de uma luta", ou esta que escutei na fila de um caixa, "A vida é uma eterna espera", diga a si mesmo: "Não é verdade". Diga as palavras "Cancelar, cancelar". Esse comando diz a seu subconsciente para não absorver o comentário, tornando-o parte do padrão de sua vida. A responsabilidade pelo que você permite entrar no subconsciente, tornando-se parte do modelo para sua vida e seu mundo, inclui tudo que você ouve, inclusive o que é dito na tevê ou no rádio. "Cancelar, cancelar", funciona para negar qualquer coisa, seja para quando você se pega cantando uma música triste ou quando o âncora do noticiário (ou uma companhia de seguros) faz previsões sobre possíveis desastres.

Kathy soube que precisaria fazer uma cirurgia. Sabendo que iria direto para seu subconsciente e se tornaria parte dela, ela estava preocupada com o que os médicos e as enfermeiras diriam enquanto ela estava anestesiada. Se estivesse inconsciente durante a cirurgia, ela não conseguiria monitorar e cancelar qualquer coisa que não desejasse. Conversou com o médico sobre isso e pediu que a equipe fosse cuidadosa com o que dissesse. Além disso, na manhã da cirurgia, Kathy pensou em seu subconsciente. Endereçou-se diretamente a ele, dizendo para si mesma: "Enquanto eu estiver adormecida para a cirurgia, não absorva o que ouvir na sala de operações. Aquilo não deve se tornar parte do padrão."

Terceiro passo: Projetar e criar

Aqui está o passo pelo qual você esperava; é o passo que todo mundo quer dar em primeiro lugar — sem qualquer preparo, o que definitivamente seria pôr a carroça na frente dos bois. Se os dois primeiros passos não criarem o ambiente certo para que a mudança prospere, ela não irá durar, mesmo que você consiga fazer com que aconteça. Uma vez tendo assumido a responsabilidade, identificado e eliminado todos os possíveis obstáculos, você pode começar a inventar estratégias, projetar e criar um jogo, um plano para produzir os resultados que deseja.

Equipamento e recursos

Para criar a vida que deseja observar e tornar real, será necessário ter seu equipamento em excelentes condições de funcionamento e os recursos e suprimentos arrumados, limpos e prontos para o uso.

Todo mundo no planeta tem o mesmo equipamento e os mesmos suprimentos para criar seu mundo. Até as pessoas ricas e famosas, as estrelas do rock e atores vencedores do Oscar, magnatas e grandes esportistas, todos têm esses mesmos equipamentos; ninguém ganha ferramentas adicionais. Os equipamentos com que construímos nosso universo são:

- *Escolhas e decisões*
- *Pensamentos e sentimentos*
- *Atitudes e crenças*

Assim como todos nós dispomos do mesmo equipamento, temos os mesmos recursos também. Como suprimentos, contamos com os seguintes recursos e materiais:

- *Inspiração*: isso é a coisa que você quer, o que você deseja.
- *Visão*: o retrato de você mesmo ao conseguir.
- *Previsão*: a expectativa de que aquilo será seu.

A FÍSICA DO SUCESSO

A única diferença entre você e, digamos, Donald Trump é o modo como você usa seus recursos e equipamentos para moldar seu mundo. Todos os dias, tanto você quanto o Sr. Trump usam esses suprimentos e equipamentos para criar o próprio mundo: mesmo assim, seu mundo pode parecer bem diferente do dele. Por quê? Se todos têm as mesmas ferramentas e a mesma matéria-prima, por que não somos ricos, famosos e bem-sucedidos?

Há muitos motivos. Em primeiro lugar, é preciso examinar as condições de nosso equipamento e recursos. As ferramentas devem estar afiadas e prontas, significando que realmente desejamos o que afirmamos desejar, que temos uma visão de como aquilo pode acontecer em nossa vida e que honestamente acreditamos em sua materialização.

Dos equipamentos relacionados, os dois mais influentes são escolha e crença. Mudar um ou outro provocará um efeito dominó, impactando todos os outros. Se você acreditar que pode fazer a mudança ou se escolher fazê-la, todos os outros recursos se acomodarão no lugar certo. Usando as informações reunidas no subconsciente, você poderá detectar qual ou quais equipamentos necessitam de conserto.

Ao olhar para Linus com o cobertor, por exemplo, Barry reconheceu que utilizava o cigarro do mesmo modo que Linus utilizava seu cobertor. Embora preferisse pensar no ato de fumar como másculo e atraente, Barry se deu conta de que aquilo tinha o valor de um cobertor de segu-

CAVAR MAIS FUNDO

rança para ele. Na verdade, ele fumava sempre que se sentia desconfortável em situações sociais, ocupando-se com o ritual de pegar um cigarro e acendê-lo com um isqueiro de ouro elegante. Aquilo lhe dava algo para fazer, uma atividade que parecia ter um propósito e fazia com que ele parecesse engajado, de modo a não se sentir inconveniente. Perceber o hábito de fumar sob essa nova perspectiva o tornou muito menos atraente. Ele olhou para os outros símbolos de sua colagem e se conectou emocionalmente com cada um deles; e cada uma dessas conexões mudava seus pensamentos e sentimentos sobre ser um fumante.

No entanto, Barry não tinha certeza de conseguir parar. Sabia que seu organismo estava viciado e que sentiria falta do cigarro se não fumasse. Lá no fundo, não acreditava que conseguiria.

As crenças precedem nossa realidade, qualquer coisa em que se acredite será o que materializaremos. Ou seja, primeiro existe a crença e depois a realidade correspondente aparece. Por exemplo, se você acredita que este Processo dos 5 passos vai funcionar ou se acredita que não, das duas formas estará certo, pois tudo depende de sua própria crença!

O segredo é conscientizar-se das crenças, pois assim será possível mudá-las caso não combinem com seus desejos.

Crença é uma verdade que se guarda no subconsciente; funciona também como um limitador, impedindo qualquer coisa que não combine com ela de se tornar realidade.

101

A FÍSICA DO SUCESSO

---

*Crença = uma firme convicção na
validade de uma ideia*

Todos nós compartilhamos a crença de que o Sol se ergue no leste e se põe no oeste, que a Terra faz uma volta por dia e orbita o Sol. As pessoas também têm crenças de como o mundo funciona numa escala menor. Talvez sua crença seja a de que nunca irá ganhar na loteria, correr dois quilômetros em cinco minutos, se dar bem em matemática ou conseguir manter um emprego satisfatório do qual realmente goste. Os psicólogos lhe dirão que qualquer coisa em que uma pessoa acredite passa a ser verdadeira para ela. As crenças funcionam como profecias que se realizam por si mesmas.

Lá no fundo, acreditava Dave: "Nunca vou me dar bem num relacionamento", por exemplo. Em primeiro lugar, parecia ser verdade. Ele tivera uma série de relacionamentos fracassados, dois divórcios e diversas situações infelizes em que encontrara alguém maravilhoso e depois a pessoa se mudava ou conhecia outro. O que ocorria era que, a cada relacionamento fracassado, Dave reforçava ainda mais as próprias crenças derrotistas. Obviamente, era verdade: os relacionamentos não funcionavam com ele. Tornou-se um círculo vicioso e ele acabou parando de se envolver.

Uma crença que funciona contra seus desejos, devido exatamente à sua existência, impedirá sua observação do que deseja e isso, por sua vez, obviamente o impedirá de consegui-lo. Isto é, as ondas *quantum* de energia se tornarão partículas do indesejado; no caso de Dave, assumindo a forma de outra mulher intolerável que não era a companheira certa para ele ou de uma mulher maravilhosa que, por exemplo, já tinha um namorado.

Para atrair e manter um bom relacionamento, Dave terá de mudar essa crença. Com uma nova crença, um relacionamento saudável com uma mulher que seja de seu agrado finalmente terá a possibilidade de aparecer em sua vida.

Uma crença é um previsor do futuro. Se acreditamos que não conseguimos fazer algo, essa crença se tornará realidade. Portanto, é importante examinar suas crenças, não só identificá-las, mas estar intimamente familiarizado com aquilo em que acredita. Um modo de verificar em que se acredita é olhar para o próprio mundo. Você está se saindo bem na bolsa de valores, cheio de ofertas de trabalho, tendo de dispensar montes de homens ou mulheres que querem ficar a seu lado? Está tudo correndo maravilhosamente em sua vida? Está levando uma existência interessante? Não?

Tudo na vida se relaciona e é impulsionado por nossas crenças. Crenças que entram em conflito com nossos desejos podem ser frustrantes, pois não nos permitirão obter o que queremos. Se, por exemplo, você quer um emprego e não acredita que pode conseguir, ficará frustrado quando, repetidamente, fracassar nesse intento.

A FÍSICA DO SUCESSO

A boa notícia sobre crenças é que, mesmo sendo inflexíveis quando se implantam no subconsciente, podemos arrancá-las dali, corrigir, mudar e depois reinstalá-las.

A qualquer momento que percebamos nossa crença conflitando com o desejo — o que pode ser constatado se olharmos para nossa vida —, será necessário mudar a crença ou não teremos a chance de ser bem-sucedidos.

Qualquer coisa que faça, não fique tentado a se vender barato mudando o desejo para que ele combine com sua crença! É a crença que não está funcionando e é ela que precisa ser modificada. A crença está lá para protegê-lo, para assegurar que o mundo combine com o padrão que ela propõe. Sua função é servi-lo. Cabe a você dizer à crença como ela devia ser — não o contrário. Sempre mantenha seus sonhos e desejos, segure-os bem perto e trate-os com carinho.

Para mudar uma crença, entre em estado meditativo* e visualize-se num local seguro.

Meditação para permitir a realização das mudanças

1 Fique confortável em seu local seguro. Observe a hora do dia. Reserve um momento para vivenciar o cenário que o cerca. Sinta a paz que essa segurança traz e então relaxe.

---

* Para entrar em meditação, veja as instruções da p. 63.

CAVAR MAIS FUNDO

2 Agora deixe o local seguro e caminhe por qualquer terreno que encontrar. Num certo ponto, você encontrará uma caverna. Entre. Deixe que os olhos se adaptem à escuridão e depois siga adiante pelas paredes de pedra, rumando para a luz que aparece após uma curva lá adiante. Sinta o frescor do ar tocando sua pele, o cheiro da terra e a solidez do solo sob seus pés. Faça a curva e vá a uma área aberta, clara, iluminada por alguma fonte invisível. Ao chegar à área iluminada, você está no local em que pode mudar suas crenças. Há um pergaminho pendurado por uma fita na parede diante de você, como se fosse uma proclamação antiga, com a crença ali escrita, como uma declaração. No caso de Barry, lia-se "Não consigo parar de fumar".

3 Pegue uma caneta vermelha bem grande que vê sobre uma pedra e escreva atravessada no pergaminho a palavra CANCELADO em letras grandes. Dê um passo para trás e admire seu trabalho, depois retire o pergaminho da parede. Rasgue-o. Destrua-o com vontade. Deixe que os pedaços se empilhem a seus pés.

4 Em seguida, pegue uma caixa de fósforos que está sobre uma pedra e queime o per-

105

gaminho até virar cinzas. Pegue um novo pergaminho e uma caneta que estão por ali e escreva uma nova crença. "Eu consigo parar de fumar" foi o que Barry escreveu.

5 É muito importante que a estrutura da nova crença combine com a antiga. A sintaxe das frases deve ser idêntica. Isto é, se Barry escrevesse, "Agora eu tenho a possibilidade de parar de fumar", isso não funcionaria, pois a estrutura da frase, a sintaxe, é diferente. Você quer ter certeza de que a nova crença cancelará a antiga de modo exato, que venha a se encaixar direitinho e tomar o seu lugar. Pendure o pergaminho na parede onde a antiga crença estava. Dê um passo para trás e leia em voz alta: "Eu consigo parar de fumar". Barry leu as palavras algumas vezes em voz alta, e percebeu que, a cada vez, sua voz expressava mais convicção, visto que, a cada leitura, isso lhe parecia mais verdadeiro. Na terceira vez, pareceu-lhe realmente autêntico. Nesse ponto, você pode sair da caverna, voltando pelo caminho por onde veio e então sair da meditação.

7

Fazer as mudanças

PARA REFORÇAR A MUDANÇA que fez, escreva a nova crença num papel e ponha-o onde puder vê-lo com frequência, como na porta da geladeira ou no espelho do banheiro. Sempre que vir o papel, pare e leia o que está ali. Leia com sentimento. Não basta apenas dar uma olhada e pensar, "Ah, é mesmo, os relacionamentos dão certo para mim", e depois sair porta afora. Realmente reserve um momento e leia as palavras. Na verdade, só vai tomar alguns segundos de sua vida ocupada ler aquilo de modo genuíno. Leia as palavras como se as estivesse vendo pela primeira vez, como se estivesse novamente na caverna. Leia com convicção e, honestamente, sinta que são verdadeiras. Cada vez que vir o papel, leia o que está ali escrito, sem falta.

Assim que trocar sua crença pela outra, mais positiva, sua atitude também terá de mudar. Em geral, com uma crença positiva, a mudança de atitude é quase automática.

Se agora você acredita que sua vida será um sucesso, não fará sentido algum ter uma atitude pessimista sobre o futuro ou sobre a vida em geral. Com uma nova crença, sua atitude se tornará mais positiva. Com uma atitude otimista, seus sentimentos serão cada vez mais entusiastas e seus pensamentos os seguirão.

O poder da escolha

Pode-se também começar pela extremidade oposta da matriz, fazendo uma escolha que dê suporte ao que se deseja, contanto que se acredite na possibilidade de êxito. Parece fácil fazer uma escolha: basta escolher, não é? Como escolher uma coisa entre várias, basta pegar: A ou B, C ou D.

De fato, a escolha é um instrumento incrivelmente poderoso para materializar nosso desejo. Deve ser uma escolha pura, destituída de ambiguidade, segura, responsável e direta. É preciso senti-la de todo o coração e com responsabilidade.

Sally nada sabia sobre crenças ou esses outros recursos quando decidiu, há alguns anos, ir trabalhar em Nova York. Entretanto, estava decidida a conseguir um bom emprego e sua determinação — como chamava — era resoluta. Não importava quantas vezes ela batia a cara na porta ou até se lhe batiam a porta na cara (afinal, era Nova York), ela continuava convicta de que acabaria

FAZER AS MUDANÇAS

conseguindo um bom emprego. Ela faria aquilo acontecer, custasse o que custasse.

Embora sem estar ciente, Sally fizera uma escolha; escolhera conseguir um emprego. E isso funcionou! Ela acabou conseguindo uma posição numa companhia famosa instalada na região de Wall Street, em Manhattan. Anos mais tarde, ao tomar conhecimento sobre escolhas e decisões, ela reconheceu que escolhera conseguir um emprego, mesmo diante de tantos obstáculos, críticas e empregadores potenciais lhe dizendo não.

Se a escolha for feita antes, deve ser algo em que você acredite realmente ou não conseguirá criá-la, mesmo sendo apto a funcionar a partir da escolha em vez da crença. Ou seja, começar pela escolha influenciará as decisões, pensamentos e sentimentos, depois as atitudes e, finalmente, as crenças que você tem a respeito de conseguir o emprego, o carro, o relacionamento ou a cura que deseja. Tente fazer esse teste. Pense no que deseja e veja se pode honestamente escolher ter isso agora, sem dúvida alguma. Se puder fazê-lo, a escolha pode ser um bom lugar por onde começar, mas, se houver qualquer hesitação — se você não tiver certeza absoluta de poder tê-la —, comece então pela crença.

Crença e autoimagem tecem a trama de sua realidade.

A FÍSICA DO SUCESSO

Outro elemento subconsciente que precede a realidade é a autoimagem. A autoimagem reside no subconsciente e sempre lidera o caminho para a vida e o mundo que se está criando. Uma pessoa que sustente a autoimagem de perdedora criará um universo no qual perde. Consequentemente, é imperativo que se descubra e fique atento ao tipo de autoimagem que se tem; isso pode se tornar um instrumento a ser usado conscientemente. Em seguida, uma vez conscientizada, pode-se decidir mantê-la ou mudá-la.

Por exemplo: se a autoimagem em seu subconsciente for a de um perdedor, ser-lhe-á impossível vencer em qualquer área importante. Ah, você pode ganhar um ocasional jogo de cartas, ao acaso — mesmo os perdedores têm uma mão de sorte de vez em quando —, mas não um jogo de aposta alta com os grandes jogadores de Las Vegas, um jogo que garantiria seu futuro financeiro. Quem tem a autoimagem de um perdedor nem chega perto de um desses jogos de altas apostas. Fica em casa olhando para uma pilha de contas ou sentado sentindo pena de si mesmo, ou talvez até esteja num tribunal, respondendo a um processo de furto — ou algo menos dramático — mas tão pouco atraente quanto.

---

*Autoimagem = o modo
como nos vemos*

FAZER AS MUDANÇAS

É preciso avaliar qual é sua autoimagem no momento para ter certeza de que seja a almejada. Há uma autoimagem para cada aspecto da vida. Temos uma autoimagem no trabalho, por exemplo, que pode ser inteiramente diferente da autoimagem que se tem em casa ou com os amigos. Em casa, podemos ser tranquilos, espontâneos e flexíveis, ao passo que na carreira talvez sejamos mais cautelosos e estruturados, cientes de nosso desempenho e tão vigilantes quanto necessário para satisfazer as expectativas do trabalho.

Embora crença e autoimagem sejam ambos precursores da criação (pela observação) de nosso mundo, não funcionam do mesmo modo. Como um segurança de casa noturna, que impede a entrada de qualquer um que não atenda às exigências do tipo de cliente ali admitido, a crença impede de entrar em nossa vida qualquer coisa que não se adéque aos padrões estabelecidos. A autoimagem não impede completamente a entrada de algo em seu mundo, como a crença faz, mas também deve estar posicionada, disponível. O que a autoimagem faz é impedir que algo permaneça em nossa vida e em nosso mundo. Talvez até consigamos criar algo maravilhoso para vir à nossa vida, mas, se aquilo não combinar com nossa autoimagem, não conseguiremos mantê-lo. O modo de funcionamento de uma autoimagem mal combinada é não permitir a manutenção de uma mudança, o que significa que ela será perdida, que algo lhe acontecerá ou então virá à tona ter sido um engano.

111

A FÍSICA DO SUCESSO

Um modo claro de ver como a autoimagem funciona é em relação ao dinheiro. Se você mudar uma crença e ganhar na loteria, por exemplo, mas sua autoimagem ainda for de alguém que nunca teve muito dinheiro, acabará perdendo tudo, talvez antes mesmo de descontar o cheque. Perder pode também significar o recebimento repentino de contas altíssimas que devorarão seus ganhos; como uma pessoa que ganhou US$ 1.000 e cujo carro acaba quebrando a caminho do banco — o conserto custa US$ 1.759! Ou seja, se você tiver um bilhete premiado na mão, mas não a autoimagem para manter o novo sucesso, algo acontecerá em seu mundo que o impedirá de desfrutar dos ganhos; você perde o bilhete, ou os números eram para outro dia, ou haverá muitos outros vencedores ou despesas repentinas acabarão com o que você ganhou.

O papel da autoimagem é especialmente óbvio sempre que se faz uma mudança na aparência física, como emagrecer. Podemos conseguir perder peso, mas, se continuarmos com a antiga autoimagem, vendo-nos como gordos, o peso voltará imediatamente. Por isso, é importante mudar e manter a autoimagem, de modo que venha a coincidir com a pessoa mais saudável e mais magra que nos tornamos. Com a perda de peso, ou qualquer outra mudança, é preciso revisar a autoimagem para que corresponda ao novo ser ou o antigo logo vai reaparecer.

Pode-se também verificar como a autoimagem funciona com os relacionamentos. Se você tem a autoimagem de um homem que nunca consegue ficar com a mu-

FAZER AS MUDANÇAS

lher certa, com aquela que é graciosa, afetuosa e carinhosa, se ela aparecer em sua vida, acabará desaparecendo com a mesma rapidez com que veio, ou então irá se modificar, transformar-se numa decepção de frieza e num espírito medíocre.

O subconsciente faz nosso mundo combinar com o que ele encerra: ele dita o que observamos. Para mudar o próprio mundo, portanto, mude o subconsciente.

Olhe para sua vida de modo objetivo e você descobrirá a autoimagem que tem guardada no subconsciente.

Qual será sua autoimagem subconsciente para que seu mundo esteja como está neste momento? Seu mundo é o reflexo do que está em seu subconsciente; então, o que ele estará reproduzindo? É importante ser o mais objetivo possível ao fazer essa avaliação. Se você fizer um editorial ou julgar sua vida, o julgamento nublará sua visão e ela não será clara. Simplesmente olhe de modo imparcial — tente fingir que está observando outra pessoa e use a terceira pessoa (ele, ela) para fazê-lo, e não a primeira (eu).

Anne pensava: "Eis aqui uma mulher de 50 anos que nunca realmente se deu bem. É uma pessoa muito humanitária, generosa e ainda não realizou nada de substancial na vida. Não acabou a faculdade nem manteve um emprego significativo. Mas tem um casamento maravilhoso e uma família amorosa, além de bons amigos." Ela percebeu que se via como uma mulher que não conseguia fazer nada de valor além de ser uma boa amiga e mãe de família carinhosa, e que essa era a sua autoimagem. Assim que a modificou, Anne iniciou uma indústria caseira, fabricando e vendendo artesanatos inusitados, como belas tapeçarias de parede e bijuteria decorativa, o que lhe proporcionou sucesso. Ela sempre se dedicara a projetos criativos, mas, sem contar com uma autoimagem mais positiva (acoplada à crença de que não conseguiria ser bem-sucedida sem arriscar seu casamento), não chegava a lugar algum com seu trabalho. Assim que ela modificou o programa subconsciente, seu mundo refletiu o sucesso desejado!

Para modificar o que está no subconsciente, decifre seu conteúdo — observe o programa — e depois o substitua por um programa projetado por você mesmo, por algo que funcione.

Até ter modificado as crenças, a autoimagem, os pensamentos e os sentimentos que mantinha, o mundo ex-

FAZER AS MUDANÇAS

terno de Anne não iria mudar. Assim que reconheceu suas limitações mentais e modificou aquelas ideias e sentimentos, sua realidade conseguiu combinar com seu agora recente e honesto desejo de sucesso e ela conseguia ter êxito sem comprometer os relacionamentos que tanto valorizava.

Outro modo de ver o impacto da autoimagem é olhando para outras pessoas; um amigo ou conhecido, por exemplo, cuja vida é cheia de ligações erradas e oportunidades perdidas e parece ter a autoimagem de alguém "também perdido", de alguém imperceptível que, numa corrida, está logo atrás do vencedor e nunca se distingue. Você também pode ser um "quase vencedor", um passo mais próximo do que o "também perdido", embora sem vencer a corrida.

José é um bom exemplo de um quase vencedor. Diversas vezes já esteve a um dígito de ganhar o bilhete premiado da loteria; chega em segundo lugar em todas as corridas de bicicleta de que participa e é sempre a primeira alternativa para cada emprego ou promoção que procura. Quase vence todas as vezes. Com essa autoimagem limitada, continuará a chegar em segundo lugar, a não ser que mude o que está em seu subconsciente.

Meditação para mudar a autoimagem

Uma vez tendo discernido qual é sua autoimagem no momento, e decidido como prefere que ela seja, há uma abordagem meditativa fácil e imaginativa* para mudá-la.

1 Entre num estado alterado, meditativo, fazendo a contagem regressiva de 10 a 1 e imagine-se descendo uma escadaria, cada número representando um degrau. Ao chegar ao número 1, você se encontrará num local seguro. Veja sua autoimagem como uma peça de roupa que está usando, talvez seja um casaco ou jaqueta — ou até um roupão de banho em farrapos — dependendo de como seja a imagem. Fique diante de um espelho e tire a velha peça de roupa. Tire-a com gosto, com verdadeiro entusiasmo. Diga algo como: "Chega dessa velha imagem! Esta não sou mais eu!". Use suas próprias palavras. Atire o casaco ou roupão no chão e chute-o para o lado.

2 Vindo de qualquer lugar, aparece uma bela roupa nova num cabide: é o casaco ou roupão representando sua nova autoimagem. Vista-o com um floreio, do modo como

---

* Para entrar em meditação, veja as instruções da p. 63.

FAZER AS MUDANÇAS

colocaria uma magnífica capa de veludo. Ande em volta com o novo casaco — ou belo roupão novo — e, orgulhosamente, vivencie a nova imagem. Observe-se no espelho, vestindo seu novo eu. Como é sentir-se um vencedor, ser aquele que chega em primeiro lugar?

3 Sinta completamente que essa nova autoimagem é toda sua, em seguida saia da meditação, sentindo-se novamente no cômodo em que está e lentamente abra os olhos.

~

Por falar nisso, se você gosta da autoimagem que já tem, ótimo! Apodere-se dela com orgulho, responsabilize-se por ela e mostre-se grato.

8

Interpretação dos fatos quânticos

NIELS BOHR, QUE DESCOBRIU que as entidades subatômicas mudam subitamente de estado energético (p.79), incentivou outros físicos a aceitar os paradoxos da teoria quântica. De 1920 a 1930, Bohr debateu as misteriosas manobras do *quantum* com outros cientistas que foram estudar e trabalhar em seu Instituto de Física Teórica em Copenhagen. Como resultado desse ambiente acadêmico e de uma série de debates ocorridos no Instituto, a nova filosofia, criada principalmente por Bohr e Werner Heisenberg, era conhecida como a Interpretação de Copenhagen (da teoria quântica).

Segundo esse ponto de vista, as leis da natureza não são objetivas nem deterministas. Não descrevem uma realidade independente do observador. Nada se pode fazer, a não ser interferir no

A FÍSICA DO SUCESSO

resultado de qualquer observação que for feita, como nos diz o Princípio da Incerteza.*

~

Um dos mais determinados a argumentar contra a Interpretação de Copenhagen, assim como sobre detalhes do próprio *quantum*, foi Albert Einstein, apesar de seu papel na descoberta via efeito fotoelétrico. Em uma série de debates, Einstein tentou encontrar deficiências e defeitos na estrutura básica da teoria quântica. Ele nunca conseguiu aceitar o *quantum* como uma teoria apropriada da física; considerava-a, na melhor das hipóteses, incompleta. Por mais engenhosos que fossem seus argumentos e contra-exemplos, Einstein nunca conseguiu chegar à frente desses debates. Bohr sempre foi bem-sucedido ao refutar os conceitos de Einstein. Esses debates levaram a futuros refinamentos da teoria quântica e à sua interpretação.

Costumam citar Einstein dizendo: "Deus não joga dados com o Universo", como modo de depreciar a imprevisibilidade do *quantum*, mas este não funciona dependendo da sorte, como já vimos. Talvez Einstein acreditasse que deixar o destino nas mãos de indivíduos fosse um jogo; independentemente do que ele quisesse dizer, nossos mundos são muito mais subjetivos do que ele preferia acreditar.

---

* Jones, Roger S. *Physics for the Rest of Us.*

INTERPRETAÇÃO DOS FATOS QUÂNTICOS

Enquanto trabalhava em Princeton, em 1935, Einstein juntou-se a dois outros cientistas, Boris Podolsky e Nathan Rosen. Os três publicaram um artigo na prestigiada *The Physical Review* intitulado "Será que a descrição da realidade física pela mecânica quântica pode ser considerada completa?" Uma teoria só é considerada completa (e precisa) pela comunidade científica se não houver contradição alguma entre as experiências que a provam. Uma teoria completa infalivelmente preverá qualquer experimento relevante de modo correto. O artigo de Einstein, Podolsky e Rosen (que ficou conhecido simplesmente como EPR) criou um argumento de que a teoria quântica não era completa e, para provar isso, propunha um modo complicado de fazer as medições da posição e do momentum do elétron. Seu argumento desafiava a essência da teoria quântica — é bom lembrar que o Princípio da Incerteza, a pedra angular da física quântica, afirma não ser possível medir ambos, a posição e o *momentum* simultaneamente. Entretanto, o EPR argumentava que, devido à correlação, podia-se determinar a medição do segundo elétron desde que o primeiro fosse medido, implicando que o Princípio da Incerteza não se sustentava.

O EPR usou a física newtoniana e a física quântica para construir seu argumento. A parte newtoniana se relacionava com as leis do movimento. De modo bem simplificado, a ideia é que os cientistas conseguem fazer previsões ao correlacionar dois objetos que interagiram — neste caso, por colisão. O primeiro objeto, mo-

A FÍSICA DO SUCESSO

vimentando-se em *momentum* (ou velocidade) constante, colide com um segundo objeto e sabemos, por Newton, que o segundo objeto terá a mesma reação que o primeiro à colisão, desde que o *momentum* seja conservado.* Se medirmos a posição do primeiro objeto, por correlação deveríamos conseguir computar a posição e o *momentum* do segundo, o que implica que a teoria quântica está incompleta — caso contrário, teríamos conseguido determinar tanto a posição quanto o *momentum* do segundo objeto sem perturbá-lo nem um pouco.

Bohr não se deixou desconcertar pelo Paradoxo EPR e respondeu que não podemos medir o segundo objeto, mesmo por correlação, sem perturbá-lo. Isso significaria que o segundo objeto, de algum modo, seria afetado pela medição (observação) do primeiro objeto. Como isso poderia ser verdade?

Por meio de uma afirmação matemática clara do conflito entre o EPR e a teoria quântica, um físico britânico, John Bell, demonstrou que "as previsões da teoria quântica" contradiziam a fundação objetiva de causa e efeito da realidade newtoniana. Causa e efeito têm seus lugares no mundo determinista de Newton, mas não no mundo

---

* Isso significa que a quantidade total do *momentum* (ou energia) devia ser a mesma antes, durante e após a colisão. Se, por exemplo, o elétron A tiver *momentum* 4 o elétron B tiver *momentum* 5, o *momentum* combinado será 9. Após colidirem, o *momentum* também deve ser 9. Se após a colisão medirmos o elétron A e ele tiver um *momentum* de 6, por correlação saberemos que o *momentum* do elétron B, neste caso, será 3.

INTERPRETAÇÃO DOS FATOS QUÂNTICOS

quântico das partículas subatômicas. Bell propôs experiências específicas que fariam uma distinção definitiva entre a probabilidade quântica e a causalidade newtoniana (e, com ela, o determinismo).

Alan Aspect conduziu uma série de experiências em Paris, durante a década de 1980, com base na proposição de Bell. Ele e sua equipe utilizaram polarização, em vez de *momentum*, porque isso podia ser feito de modo mais exato e a polarização se conserva da mesma forma que o *momentum*.

A ideia básica era a mesma: observar a polarização de dois fótons correlacionados (em vez do *momentum* de dois elétrons correlacionados) e ver se a medição de um fóton tinha qualquer efeito estatístico sobre o outro.*

O resultado das experiências de Aspect surpreendeu alguns físicos. Mostrou que medir o primeiro fóton realmente tinha efeito sobre o segundo, mesmo que eles não tivessem como se comunicar — mesmo enviando um sinal tão rápido quanto a velocidade da luz. Einstein chamou a ideia desse efeito de "ações fantasmagóricas a distância" e, mesmo assim, como Aspect provou, esses efeitos de fato ocorrem. Os físicos denominam as ações transmitidas sem sinais, a distância, de não localidade, o mesmo termo usado para descrever a probabilidade de localização de um elétron no comprimento de onda de um áto-

---

* Jones, Roger. *Physics for the Rest of Us*.

A FÍSICA DO SUCESSO

mo: até que as ondas da onda energética se solidifiquem numa partícula, um único elétron está em *todos os lugares de uma só vez*, ou não local.

O experimento de Aspect validou a inteireza da teoria quântica, uma vez mais suprindo outras provas que rejeitam o conceito de realidade causal, determinista. Entretanto, o fato de a teoria quântica ter sido comprovada tão completamente tantas vezes "fica atravessado na garganta de muitos físicos".* Esses cientistas se rebelam contra a ideia de que criamos nossa realidade conforme a observamos,** e acreditam que deve haver alguém mexendo os fios — que é impossível estarmos simplesmente criando tudo por conta própria. O determinismo está bem vivo e passa bem no coração e na mente de muitos, apesar da integridade da teoria quântica. Ela fornece a prova cabal e tangível de que o determinismo causa e efeito é inválido e, de fato, nunca foi um modo preciso de descrever a natureza da realidade física.

O que a não localidade significa em nossa vida?

Carl Jung, um psicólogo que se afastou da tradição freudiana, cogitava a ideia de um *coletivo inconsciente*. Ele a

---

* Jones, Roger. *Physics for the Rest of Us.*
** Fred Alan Wolf, autor de *Taking the Quantum Leap*, é uma exceção notável. Ele aparece no filme *Quem somos nós?* [What the Bleep Do We Know!?] e promove oficinas para os não cientistas sobre a questão de criar a própria realidade.

INTERPRETAÇÃO DOS FATOS QUÂNTICOS

descrevia como um plano de consciência que todos nós compartilhamos. Existe abaixo da consciência, interligano-s e contém a sabedoria que orienta toda a humanidade. Penso na não localidade como um modo de mostrar a ligação entre as coisas. Não há necessidade de comunicação se dois corpos polarizados não forem entidades separadas, mas sim parte uma da outra; se tudo já estiver interligado por algum fio invisível de espiritualidade, por exemplo, isso explicaria o *conhecimento antecipado* que o segundo fóton ou elétron tivesse do que o primeiro fez. É como a ligação entre gêmeos ou outras pessoas que são muito próximas emocionalmente, semelhante ao fenômeno conhecido em que algo acontece com um dos gêmeos e o outro percebe aquilo instantaneamente, mesmo que estejam a quilômetros de distância um do outro.

Outra qualidade impressionante das entidades subatômicas é que elas conseguem passar por paredes. Essa aparente impossibilidade física pode ser vista quando a partícula alfa de um núcleo se desintegra. Esse fenômeno se chama *efeito túnel* e representa um tipo diferente de salto quântico daquele em que um elétron salta para níveis cada vez mais baixos de energia. A partícula alfa fica presa dentro do núcleo por uma parede de força elétrica que, teoricamente, é intransponível, segundo a física newtoniana. "Há uma pequena chance de que ela passe através, aparecendo do outro lado."* Embora a probabilidade

---

* Ford, Kenneth W. *The Quantum World.*

seja extremamente baixa, uma partícula alfa pode inesperadamente aparecer do lado de fora do núcleo e voar. Não acontece com frequência, mas atravessar paredes — algo inatingível pela física clássica e em nosso universo cotidiano, comum — pode e de fato ocorre no *quantum*. Além de usar a evidência prática demonstrada por experimentos tangíveis como os descritos previamente, os físicos usam "experimentos imaginários" para provar suas teorias. Experimentos imaginários não são realmente efetuados na realidade física; eles ocorrem apenas na mente e não passam de hipóteses.

Erwin Schrödinger fez um experimento imaginário com o *quantum* envolvendo um gato numa caixa de chumbo para demonstrar como a dualidade onda-partícula funciona em nosso mundo "concreto". O gato imaginário fica na caixa com uma pequena quantidade de material radioativo com uma meia-vida de 1 hora, o que significa que ele tem 50 por cento de chance de se desintegrar na hora seguinte. Se o material se desintegrar, a energia liberada quebrará um frasco contendo gás cianureto e o gato imaginário morre instantaneamente. Como a chance de o gato estar vivo ou morto é de 50 por cento, não há como saber enquanto a caixa estiver tampada. Até abrirmos a caixa, as duas realidades — ou posições — são verdadeiras: a posição de que o material não se desintegrou e o gato está vivo e a outra, de que o material se desintegrou, porque a circunstância exata ainda não foi observada. Com a caixa fechada, temos duas posições

INTERPRETAÇÃO DOS FATOS QUÂNTICOS

ao mesmo tempo, uma *sobreposição*. Somente com a abertura da caixa e a observação do gato é que saberemos o que aconteceu. Tomara que o gato esteja no bom sono na caixa, inconsciente do material radioativo, do frasco de cianureto e de todo o cruel experimento imaginário. Segundo a teoria quântica e a dualidade onda/partícula, antes de nossa observação nada há dentro da caixa além de ondas de energia, que se tornarão partículas (assumindo a forma de gato e frasco) quando, e só quando, abrirmos a caixa e observarmos o que esperamos ver, criando, assim, qualquer panorama que escolhermos.

O que Schrödinger provou com esse experimento imaginário foi que a condição do gato — seja de morto ou vivo — depende inteiramente do que escolhermos observar ao abrir a caixa. Se escolhermos vê-lo alegremente afundado em sonhos, é isso que estará diante de nós ao levantarmos a tampa da caixa e, se quisermos ver o oposto, isso também estará lá. Com a caixa fechada, o gato está num limbo, nem morto nem vivo. Em certo sentido, ele está tanto morto quanto vivo, porque cada opção é uma probabilidade até fazermos nossa observação ao abrirmos a caixa. Dispondo das duas possibilidades, temos a sobreposição. Na realidade, com a caixa tampada, o gato não existe em forma física; não passa de uma onda de energia. É a nossa observação que solidifica as ondas em partículas e manifestam o gato, seja num ou noutro estado.

Esse experimento imaginário me faz lembrar da seguinte pergunta: "Se uma árvore cair no meio da mata e

A FÍSICA DO SUCESSO

não houver ninguém lá para ouvir, será que ela vai fazer algum ruído?" Não, não fará. Ela também não irá cair. Se ninguém estiver lá para observar, a árvore e a mata nem sequer existirão no sentido físico; serão ondas de energia. Sempre que alguém observar a mata, as ondas se concentrarão e se amalgamarão em partículas da árvore — e ela já estará caída no solo.

A sobreposição é a norma da física quântica. "Todo estado móvel de uma partícula, núcleo ou átomo pode ser considerado sobreposição (ou mistura) de outros estados, às vezes até uma série infinita de outros estados."* Na física clássica newtoniana, o *momentum* só pode ter um valor e um elétron orbitando um núcleo teria energia e momentum definíveis. Não é assim no *quantum*.

Em *The Quantum World*, Kenneth Ford** descreve a situação quântica da seguinte maneira: "A sobreposição não significa que um elétron pode ter um ou outro *momentum* e nós simplesmente não sabemos qual ele tem. Significa que ele tem literalmente *todos* os *momentos* de uma só vez. Se você não conseguir visualizar isso, não se preocupe. O físico quântico também não consegue. Aprendeu a conviver com isso."

Então, é por causa da sobreposição que vamos criar — com o subconsciente, pensamentos e sentimentos — um mundo pessoal, individual para nós mesmos. Na sobrepo-

---

* Ford, Kenneth W. *The Quantum World*.
** Ibid.

INTERPRETAÇÃO DOS FATOS QUÂNTICOS

sição da vida, todas as situações são possíveis e existem simultaneamente, e é nossa escolha, nossa observação, que faz com que uma "realidade" se manifeste diante de nós e pareça real, afastando as outras possibilidades. O fato de não estarmos cientes das outras possibilidades que existem em sobreposição não significa que não estão disponíveis, como ondas de energia só esperando para serem observadas.

Nosso mundo só aparece no momento em que é observado, porque é quando as ondas de energia se fundem, tomando a forma que escolhemos. Esse fato pode ser usado para tirarmos vantagem, especialmente quando estamos esperando por uma resposta ou por alguma notícia. Como somos nós que fundiremos as ondas de energia na resposta, no momento de observar, podemos assumir a responsabilidade pelo que acontece. Podemos esperar para abrir aquele e-mail importante, por exemplo, até estarmos num estado de espírito favorável, seguros, fortes e certos de nossos sentimentos.

O uso da sobreposição — qualquer coisa é possível

Com a não localidade, tudo está interligado. Com a sobreposição, qualquer coisa é possível — em qualquer lugar a qualquer hora. Qualquer coisa que você deseja está à sua disposição, seja finalmente se dar bem onde anteriormente fracassara ou alcançar um sonho "impossível".

A FÍSICA DO SUCESSO

É possível superar obstáculos enormes e derrotar desvantagens esmagadoras. Pode-se curar uma doença,* ganhar uma medalha na Olimpíada, conseguir aquele emprego fantástico ou ficar rico e famoso. Tudo é possível.

Será preciso usar os próprios equipamentos e recursos para criar um mundo que contenha as mudanças que você deseja ver nele, diferenciado dos tantos outros mundos possíveis que poderiam ser escolhidos para observar. O objetivo é começar eliminando o indesejado e depois esculpir as próprias ideias e sentimentos com sua inspiração, visão e expectativa. Desse modo, o subconsciente reterá o desejado e só isso; portanto, não haverá ideias conflitantes a se cancelarem entre si. Os olhos com que você observa estarão claros, determinados e focados e o que for observado e criado para seu mundo será o que você quer ser.

O subconsciente funciona como um computador, armazenando programas e rodando-os na hora adequada. É sua função assegurar-se de que os programas desejados — e só estes — estejam presentes em seu subconsciente, visto que é ele o futuro criador de um mundo para você observar que combine com seus próprios programas.

Levamos nossa vida como se tudo à nossa volta — nosso corpo, a casa e o carro — fosse real e nossos pensa-

---

* Esse processo não substitui o auxílio médico. Se você utilizar o Processo dos 5 passos com propósitos de cura, não deixe de dar continuidade a qualquer tratamento médico que estiver seguindo até que o médico lhe diga para parar.

mentos, sentimentos, atitudes e crenças não. Afinal de contas, são "apenas" ideias e emoções.

A física quântica prova que é o contrário. Nossos pensamentos, sentimentos, atitudes e crenças são genuínos e nada em nosso mundo físico é concreto ou real.

A realidade física é maleável e subjetiva. O que escolhemos ver é o que aparece. Não é que nosso mundo físico seja tão sólido, palpável e imutável como sempre o vimos; é que o mundo é completamente pessoal e individual. Seu mundo físico é criado só por sua escolha e observações.

O objetivo é mudar o que está no subconsciente, levá-lo a um local de pensamento e sentimento — uma vibração específica ou ressonância, se assim o preferir — de modo que seja encantador o que for visto. Não há nada que lhe seja exterior que possa, ou irá, deixar o mundo do jeito que você quer. O modo de atingir sua meta e ter o que quer na vida é trabalhando em si mesmo, utilizando os equipamentos e recursos, mudando qualquer coisa que possa impedi-lo de observar toda a beleza, alegria e sucesso que gostaria de ter.

9

Observar e dar forma

O QUARTO PASSO — OBSERVAR e dar forma — refere-se a usar as próprias ferramentas e materiais básicos para entalhar diretamente do "nada" o que você quer.

Este é o passo que conjuga os passos anteriores. Agora que você já se preparou, pode prosseguir para realizar as mudanças desejadas. Chamo isso de pensar quântico — o passo em que você usará sua escolha de observação e criará um novo mundo para si mesmo, um mundo que inclui as mudanças desejadas. Há uma série de técnicas que podem ser usadas para que nosso desejo se transforme em realidade em nossa vida. Escolha as que mais lhe agradam.

Quarto passo: Observar e dar forma

Sabemos, por meio da ciência, que é você quem vai dar vida à realidade. Não pense nisso em termos de trazer

A FÍSICA DO SUCESSO

algo imaginário ao mundo real, de criar uma substância física onde nada existia antes. Ao contrário, reconheça que está trazendo algo que já é real — seus pensamentos, sentimentos e desejos — para um mundo de aparência sólida, mas que, na realidade, é feito de ondas energéticas. Para trabalhar com essas mínimas entidades oscilantes, que vibram em diversas frequências, você pode usar a seguinte técnica de manifestação, enfocando que é real (seus próprios pensamentos, sentimentos, sonhos e desejos) num mundo sujeito a seus desejos.

À medida que trabalhar com essas técnicas, é bom se lembrar do seguinte: a imagem que está em sua mente é real e você a está trazendo para a mente consciente de um modo tão poderoso que irá lhe possibilitar observação. Observá-la é, tecnicamente, o que a faz aparecer em sua vida.

A chave para essas técnicas de manifestação é sentir forte e puramente a profundeza de seu desejo pelo que quer. É mais fácil praticar com algo que realmente quer, algo que lhe provoque paixão, em vez de começar pequeno em algo que seria bom ter, mas que não seja realmente importante. A razão para essa distinção é a necessidade de sentir intensamente o desejo e isso será mais fácil se você o quiser honesta e fervorosamente. Uma vez experiente no uso das técnicas, você poderá usá-las até para coisas que só queria que acontecessem, pois sabe quanta energia se exige disso. Mas, para as primeiras vezes, concentre-se em algo que verdadeiramente deseje.

OBSERVAR E DAR FORMA

Manifestação — Tornar real o que se observa

Com suas ferramentas limpas e preparadas, você pode começar a construir seu desejo, o que significa usar seu equipamento nos recursos para esculpi-lo e trazê-lo à vida.

Sem se apegar demais a qualquer caminho específico, pense em como quer que seu desejo venha até você. Ou seja, certifique-se de que haja canais através dos quais o desejo possa chegar. Deve haver um modo fácil, lógico e crível pelo qual o desejo entre em seu mundo. Por exemplo, se você quer entrar para uma faculdade específica, então a primeira coisa a fazer é inscrever-se no vestibular. Se não o fizer, não será muito provável que entre! Nada é impossível, mas contar com um milagre aqui como ponto de partida para esse passo não é uma maneira recomendada para alcançar o sucesso.

> *Ao manifestar, você está trazendo algo que já existe em seu coração e mente para seu universo subjetivo, de modo a poder observá-lo, e, ao fazer isso, torná-lo real. Dê-lhe forma, profundidade e significado em sua vida.*

É importante arrumar o baralho a seu favor: limpe bem o caminho, de modo que aquilo que você deseja pos-

A FÍSICA DO SUCESSO

sa encontrar uma passagem fácil para sua porta. Não ajuda escolher um caminho para receber seu desejo que seja sinuoso a ponto de exigir uma absoluta maravilha da Natureza e um ato de Deus para fazê-lo acontecer. Deixar a recepção do que quer muito trabalhosa chama-se sabotagem. Se perceber que está escolhendo um caminho demasiadamente desafiador ou caso você se flagre secretamente esperando que simplesmente apareça alguém à porta para lhe entregar seu desejo no proverbial "dado de bandeja", isso pode indicar ambiguidade em sua inspiração, sentimentos ou crenças do que deseja e talvez seja bom revisar os passos anteriores, especialmente a questão relativa à razão pela qual você *não* quer aquilo verdadeiramente.

Joan se inscreveu num serviço de encontros on-line para conhecer um homem. Aventurou-se também em vários encontros às escuras que as amigas estavam sempre lhe arranjando e estava aberta a conhecer alguém em qualquer outro lugar também — como, por exemplo, no supermercado ou na biblioteca. Joan dizia que não importava de onde viesse, contanto que um homem aparecesse em sua vida e fosse gentil, divertido e honesto; alguém de quem gostasse. Havia muitas rotas que o homem de seus sonhos poderia tomar, muitos modos críveis a possibilitar-lhe o encontro. Só levou algumas semanas para que um bom homem aparecesse em sua vida.

~

OBSERVAR E DAR FORMA

Para Tom, que queria um novo emprego, era fácil pensar em como viria. Ele colocara o currículo em vários websites e tinha certeza de que o emprego lhe chegaria por meio de um deles. Na verdade, estava tão certo de conseguir o emprego por um dos serviços on-line que acabou perdendo uma oportunidade oferecida por um amigo que queria ajudar. Não faça isso. Não se limite a um único canal, pois isso estreitará suas possibilidades.

Conscientize-se de que o que você quer pode aparecer de modos variados; e mantenha-se aberto a todos os caminhos em que pensar, assim como a caminhos que nem chegou a conceber. Reconhecer que há muitos modos para que ele venha até você torna o fato dele aparecer o que menos importa em sua mente. O mais importante é que ele realmente apareça em sua vida, seja qual for o meio de chegada (desde que, é claro, você não comprometa seus princípios para ter o que deseja).

As seguintes técnicas* podem ser usadas para criar as mudanças desejadas. Você pode usá-las ou criar as suas próprias e repeti-las com a frequência desejada ou que lhe parecer ideal.

Meditação do balão de luz

1 Entre em meditação fazendo a contagem regressiva de 10 a 1; quando chegar ao

---

* Para entrar em meditação, veja as instruções da p. 63.

A FÍSICA DO SUCESSO

número 1, estará em seu local seguro. Pense na mudança que deseja. Visualize a cena em que você já está com as mudanças realizadas. Imagine a realidade dessa mudança se desenrolando diante de você. Qual é a sensação dessa nova vivência? É de alívio, exuberância, felicidade ou entusiasmo?

2 Você consegue observar a cena e depois, quando já está nela, transitar entre as duas experiências, mentalizando que está trazendo essa mudança que tanto quer para a forma material.

3 As emoções geram uma energia poderosa, portanto reforce seus sentimentos. Essa intensidade do desejo comunica claramente ao subconsciente que é isso que você quer em sua vida e em seu mundo. À medida que vai sentindo com mais fervor, imagine um balão de luz brilhante cercando-o na cena, com a mudança dentro dele. Mantenha a imagem do balão em cujo interior se encontra a mudança e amplie seus sentimentos — bastante!

4 Visualize sua imagem com a mudança dentro do balão. Agora libere a imagem e a veja flutuando no céu, tornando-se cada vez

Observar e dar forma

menor à medida que sobe. Reconheça que ela
está vindo para você e saia da meditação.

~

Carol descobriu um caroço duro do tamanho de uma ervilha no seio. Foi ao médico, que confirmou a necessidade de verificar aquilo e marcou uma mamografia. Ela não conseguiu dormir durante as três noites de espera pelo dia do exame, temendo a possibilidade de câncer. Embora tentasse pensar de modo positivo e não se preocupar, não conseguiu pensar em outra coisa durante os três dias e sua mente estava sempre voltando aos roteiros amedrontadores que escrevera para si mesma. Ela os encenava reiteradas vezes.

Decidiu usar a meditação do balão de luz para curar o caroço, fosse ele benigno ou não. Relaxou, fez a contagem regressiva e se visualizou em seu local seguro, que, para Carol, é uma área de mata com capim alto, onde fica sentada. Percebeu o céu e o balanço das árvores na brisa suave que sempre soprava sobre ela como ondas de ar fresco. No local seguro, ela fechou os olhos e se visualizou sentada na sala de casa. Imaginou-se segurando o telefone celular. Pelo fone de ouvido, ouviu a voz do médico, que dizia: "Está tudo bem, Carol. O caroço não apareceu."

Ela instantaneamente suspirou de alívio. Quanta liberdade sentiu! Carol controlou suas emoções, experimentou-as mais intensamente e cercou aquela imagem de si mesma ouvindo o médico com um balão de luz branca. Teve um imenso alívio e sensação de gratidão por estar bem; sentiu aquilo de modo cada vez mais intenso e, quando lhe pareceu adequado, liberou o sentimento. No mesmo instante, o balão saiu do solo. Carol se viu observando contente enquanto ele subia cada vez mais alto no céu, até desaparecer.

Ao sair da meditação, a conduta de Carol se modificara. Ela passou a sentir uma calma e serenidade que não experimentava há dias. Seu coração já não disparava. Ela teve uma incrível sensação de bem-estar e, lá no fundo, sabia que estava bem.

Carol manteve aquela imagem na mente; era uma vinheta de si mesma segurando o celular e ouvindo as palavras do médico. Lembrava-se da imagem com frequência, muitas vezes por dia, até a hora de ir para a clínica fazer a mamografia. Na hora do jantar da noite seguinte, recebeu o telefonema do médico, dizendo que ela estava bem.

"Que tipo de caroço era?", ela quis saber. Ele disse que provavelmente era um cisto, visto que não aparecera no exame. Aquilo teve o final exato que ela imaginara, ou seja, o caroço nem sequer podia ser visto!

~

Jerome usou os cinco passos porque queria uma promoção no emprego. Comprou este livro com a intenção de logo pular para o quarto passo. Decepcionado e, a princí-

OBSERVAR E DAR FORMA

pio, relutante, acabou seguindo os três primeiros passos: assumiu a responsabilidade, investigou e eliminou o que o impedia de realizar seu desejo, e, ao chegar ao terceiro passo, Projetar e criar, trabalhou com dedicação, entregou-se de corpo e alma ao que desejava. Por fim, chegou a este passo e entrou em meditação. O local seguro de Jerome é uma praia que o faz lembrar da que viu em um filme anos atrás. Sua praia tem areia branca e o oceano é azul-bebê, da cor do céu. Ondas brancas quebram na praia; há uma suave brisa marítima. A poucos passos de si, Jerome conjurou uma imagem em que seu patrão aparece na porta do escritório.

"Parabéns, Jerry", diz o patrão, a mão estendida para apertar a sua. "A promoção é sua."

Jerome amou essa imagem! Trabalhara duro e queria essa promoção, que lhe traria mais dinheiro e maiores responsabilidades. Além disso, era uma posição de maior visibilidade, o que significava a possibilidade de ainda maiores oportunidades para um avanço futuro. Ele cercou a imagem com um grande balão de luz branca e sorriu diante de seu entusiasmo com a promoção.

Reunindo seus sentimentos de felicidade e entusiasmo em relação à promoção, ele abraçou a imagem. Intensificou os sentimentos cada vez mais e, então, deixou-os partir — no mesmo instante, o balão, levando a imagem do patrão apertando sua mão no escritório, saiu do chão e flutuou rumo ao céu.

A FÍSICA DO SUCESSO

Ainda sorrindo, Jerome manteve os olhos no balão enquanto este diminuía até sumir de seu campo de visão. Jerome, então, saiu então do estado meditativo, com confiança e certeza tão grandes como há tempos não sentia.

Alguns dias depois, ele soube que conseguira a promoção. O patrão usou exatamente as mesmas palavras que ele visualizara.

Técnica do Penhasco da Escolha

1 Entre em meditação por meio do relaxamento e da contagem regressiva de 10 a 1. Ao chegar ao número 1, você estará em seu local seguro. Demore-se algum tempo percebendo o que o cerca e sentindo segurança.

2 Agora, você vai se aventurar além da zona de segurança. Comece a caminhar, saindo do local seguro e seguindo por um caminho ou estrada, qualquer um que for lógico para o panorama. À medida que for caminhando, encontrará pessoas ou animais que podem falar com você. Preste atenção a tudo que encontra.

3 Finalmente, chega a um penhasco. Não é um lugar perigoso; só há um declive suave abaixo de onde você está. Mantenha-se em segurança, recuado da beira do penhasco e

OBSERVAR E DAR FORMA

olhe a paisagem lá embaixo. Esse é o local em que você escolherá ter o que deseja.

4 Revise tudo o que fez até agora, os passos que deu para chegar ao penhasco da escolha. Lembre-se das crenças que modificou, dos acordos que cancelou e da autoimagem que trocou por uma mais adequada a seus propósitos. Confie que, mesmo não tendo feito tudo perfeitamente, você se preparou bem o bastante para criar a mudança que deseja.

5 Agora escolha. Decida possuí-la. De pé no alto do penhasco, abra os braços e evoque o que escolheu ter em sua vida. Declare a mudança em voz clara e firme.

6 Diga: "Escolho ser mais saudável agora" ou "Escolho que um novo emprego — ou mais dinheiro ou um novo relacionamento — venha a meu encontro agora". Diga isso três vezes com certeza e confiança, deixando que as palavras ecoem. Sele o processo fechando os olhos meditativos, baixe a cabeça, junte as palmas das mãos e sinta que seu desejo se realizou. Ao abrir os olhos, abra as mãos, palmas voltadas para cima e reconheça que ele está a caminho.

A FÍSICA DO SUCESSO

A técnica do Penhasco da Escolha atraiu Kyle. Ele gostou da ideia de escolher o próprio destino e usou a técnica para ser aceito num programa de graduação específico que tinha em mente. Embora suas notas fossem boas o suficiente para conseguir a admissão, ele estava preocupado com a possibilidade de não ser aceito por lhe faltarem atividades externas para qualificação, mesmo que a faculdade não recusasse alunos por esse motivo. Ele completou os primeiros três passos do processo e se preparou para a meditação. O local seguro de Kyle é uma campina perto de uma antiga ferrovia — onde costumava brincar com o irmão na sua infância. Agora já não existem trilhos e há um estacionamento no local. Mas, para Kyle, a campina ainda está lá como seu lugar seguro.

Sempre que entra em meditação, ele se imagina perto desses velhos trilhos de trem. Presta atenção no céu azul, nas nuvens fofas, no capim crescido entre as travas de madeira dos trilhos e no leve aroma das macieiras em flor da redondeza.

Depois de apreciar a paz de seu local seguro, Kyle seguiu os trilhos do trem, saindo de sua zona de segurança. Caminhou ao longo dos trilhos por algum tempo, lembrando-se de como ele e seu irmão costumavam brincar por ali. Um gatinho saiu de trás de uns arbustos, aproximou-se dele e disse: "Kyle, você pode entrar para o programa que deseja." O gato não falava com palavras, mas, de algum modo, Kyle sabia que era isso que ele lhe dissera.

144

OBSERVAR E DAR FORMA

Ele continuou caminhando e acabou chegando a um penhasco, onde os trilhos simplesmente acabavam e o capim era muito mais alto,

Ficou na beira e examinou o terreno lá embaixo. Relembrou todo trabalho que fizera, tanto na escola quanto nos primeiros três passos, que o trouxera ao Penhasco da Escolha. Kyle tomou o fôlego e abriu bem os braços. "Escolho entrar para o programa!", ele gritou ao vento. "Escolho que a admissão está vindo para mim agora." Fechando os olhos, ele abaixou a cabeça e uniu as palmas das mãos como se estivesse rezando. "Está feito!", ele pensou, abrindo os olhos e colocando as palmas para cima. "Está feito!"

Ele saiu da meditação sentindo-se confiante. Sua carta de aceitação demorou várias semanas para chegar, mas, no dia seguinte à meditação do Penhasco da Escolha, Kyle viu um gato num programa de tevê que se parecia exatamente com o que o abordara na meditação. Ele viu aquilo como um sinal de que a aceitação estava a caminho. Por medida de precaução, repetiu a meditação diversas vezes até o dia em que a carta finalmente chegou.

Caso queira desenvolver as próprias técnicas, não deixe de incluir os seguintes elementos: sinta intensamente o quanto quer a mudança, sinta que aquilo que faz na meditação trará a mudança, confie na suficiência do trabalho de preparação que fez e acabe com a ciência de que ela está vindo a você. Saia da meditação e observe os sinais.

A FÍSICA DO SUCESSO

Haverá muitos mundos?

Em resposta ao experimento imaginário do "Gato de Schrödinger", Hugh Everett apresentou a "Interpretação de Muitos Mundos". Ele propôs que, no experimento imaginário de Schrödinger, os dois resultados possíveis realmente ocorrem. Ou seja, o gato está tanto vivo quanto morto — só que o resultado que vemos ocorre aqui em nosso mundo, enquanto o outro ocorre num universo paralelo, alternativo.

Já houve uma série de explicações para a Interpretação de Muitos Mundos e as ideias são definidas em relação aos experimentos científicos. Essas descrições sugeririam que, para cada experimento conduzido, há universos paralelos, sobrepostos, que aparentemente correspondem ao número de resultados possíveis. Essa explicação para a Interpretação de Muitos Mundos gera uma abundância de universos paralelos, alternativos, e cada um é uma cópia carbono do nosso, com uma única diferença: cada um deles oferece um resultado diferente para um único experimento científico.

Para acrescentar mais complexidade a esse enigma, consideremos o paradoxo da amiga de Wigner.

A amiga de Wigner é alguém que observa o gato na caixa antes que o próprio Wigner tenha a chance de fazê-lo. Ela conta a Wigner o que viu. Então, a questão é: em que momento se toma a decisão da sobrevivência do gato e a quem pertence a observação exata?

146

OBSERVAR E DAR FORMA

Os cientistas já propuseram diferentes ideias sobre a Interpretação de Muitos Mundos, baseadas em diferentes filosofias e instrumentos de mensuração. Consideremos esse dilema sob o ponto de vista do *quantum*, o plano subatômico. Sabemos que, se não as observarmos, as ondas de energia não têm forma; existem como ondas invisíveis de energia, como ondas sonoras. Ao focarmos nossa atenção e observarmos, estas se concentram e, assim, produzem uma partícula de substância física. É a escolha pessoal, individual, do que observamos que cria o resultado específico.

Com base nos fatos quânticos acima, apresento aqui minha interpretação: quando a amiga de Wigner observa o gato, em seu mundo, ele pode estar vivo ou não, de acordo com o que ela escolher observar. Quando ela conta a Wigner o resultado, ele também observa e, ao ouvir, cria um mundo em que o gato está felizmente vivo ou não. O destino do gato é decidido antes pela amiga de Wigner, porque ela olha para o gato antes de falar com ele. O gato está vivo para Wigner só no momento em que sua amiga lhe diz que o gato está bem. Na verdade, a amiga de Wigner poderia observar o gato morto e assim contar a ele; mas, quando Wigner ouve sua amiga, ele pode ouvir que o gato está bem. Wigner e sua amiga têm um universo separado, particular, e as ondas de energia só se transformam em partículas de realidade no momento em que cada um deles observa — vendo ou ouvindo diretamente — o destino do gato.

A FÍSICA DO SUCESSO

Se levarmos as coisas um passo adiante, teremos o Paradoxo de Wigner. Em seu experimento imaginário, depois de saber do gato por intermédio da amiga, Wigner lhe diz que ela também esteve envolvida no experimento. Ou seja, a amiga, a caixa de chumbo e o gato estão numa caixa ainda maior, da qual somente Wigner tem conhecimento. Desse modo, qual é a observação vitoriosa?

O mundo cotidiano contribui para a ideia de diferentes realidades. Vejamos, por exemplo, uma cena de crime. Como detetives (e pessoas que assistem a filmes policiais) sabem, testemunhas são notoriamente precárias. Por quê? Porque cada uma vê algo diferente. Quando os policiais acabam de descrever a cena do crime, costumam dizer algo do tipo: "Certo, ele tem entre 20 e 50 anos, é negro, branco, de origem hispânica ou possivelmente asiática, com cabelo castanho ou louro, pesando entre 65 e 90 quilos e deve medir cerca de 1,70m ou 1,90m. Cada um viu algo diferente com base em suas próprias escolhas de observação, as quais, como vimos, se baseiam em crenças, atitudes, ideias, sentimentos, decisões e opções individuais.

O mesmo ocorre no local de um acidente. Os depoimentos das testemunhas costumam ser conflitantes. Por que será? Supondo que todos estejam dizendo a verdade, por que as narrativas diferem? E, quando uma família revive memórias, nostálgica sobre o passado, por que todos lembram algo específico de modo diferente?

É porque cada pessoa tem o próprio mundo de observação.

OBSERVAR E DAR FORMA

Pensando em termos da Interpretação de Muitos Mundos, no caso de Carol e Jerome, os resultados poderiam ter sido diferentes, de acordo com a outra pessoa — ou seja, no mundo de outra pessoa. Por exemplo, o marido de Carol poderia ter achado que ela devia fazer uma cirurgia antes de descobrir que o caroço só era um cisto, antes mesmo de saber se o caroço era realmente câncer. Para a colega de Jerome que também queria a promoção, a situação podia ter sido justamente a oposta; em seu mundo, por exemplo, ela — e não Jerome — podia ter sido promovida.

Com a Interpretação de Muitos Mundos, cada um de nós tem seu universo subjetivo. Visto que, como indivíduos tornamos tudo real, no momento em que observamos, a ocorrência dessas circunstâncias realmente parece coerente. Se a Interpretação de Muitos Mundos for verdadeira, os outros candidatos àquele emprego que você quer não existem de fato; pelo menos não em seu mundo. Ou seja, você pode saber deles, mas eles não são reais para você, pertencem a um mundo paralelo. Portanto, isso lhe possibilita decidir se está no lugar certo, se está preparado, usando seus equipamentos e recursos, para fazer o emprego se tornar real em seu mundo; nada tem a ver com ser mais adequado que os outros candidatos ao emprego.

A FÍSICA DO SUCESSO

Teoria do holograma

Há uma teoria baseada na estrutura do holograma da mente humana e do Universo físico para apoiar esses conceitos da física quântica.

Tanto a memória humana quanto a descrição quântica do Universo têm uma propriedade em comum. Cada parte contém informações sobre o todo, como num holograma. A memória não fica localizada, mas espalhada ou difusa no cérebro. A função ondular de um elétron deixa uma probabilidade muito pequena, mas finita, de que o elétron possa ser encontrado em qualquer lugar do Universo. Assim, todas as funções ondulares se sobrepõem, e todas as coisas se referem e se relacionam entre si. Num holograma, diferentemente de uma fotografia comum, qualquer seção pode ser cortada e usada para regenerar toda a imagem. Cada porção do holograma contém informações sobre o todo.*

Tudo que vai volta

Há um ditado conhecido, "Tudo que vai volta", semelhante a outro, "Aqui se faz, aqui se paga", ou seja, o que

---

* Jones, Roger S. *Physics for the Rest of Us.*

OBSERVAR E DAR FORMA

você entrega ao mundo é o que lhe será devolvido, como na rota de um bumerangue.

Com base no que aprendemos acerca de ciência neste livro, pode-se concluir que nenhuma dessas afirmações, ou sua interpretação, é verdadeira — no sentido de que a mensagem deixa subentendido algum tipo de sistema automático que devolve a energia do mesmo modo como ela foi jogada. Como vimos, não existe um sistema externo, automático ou não.

Outro conceito semelhante a esse é o do *carma*, que costuma ser descrito como um sistema automático similar. Se criamos e observamos constantemente nosso próprio mundo de realidade, não faz sentido algum achar que há um sistema escolhendo por nós — um sistema externo, na verdade, forçaria uma observação sobre nós. Não há tal sistema externo, sendo esta a razão para a imprecisão do determinismo. Mas o determinismo, que algumas pessoas chamam de destino, atrai todos aqueles que não querem ser responsáveis. É claro que, gostando ou não, uma pessoa é responsável por observar e assim criar o próprio mundo. Mas, com o destino, ela pode jogar os braços para cima e declarar-se vítima inocente.

Se assim escolhermos, podemos expressar energia negativa, magoada, e, embora num plano linear fosse lógico sermos punidos por isso, nós o seremos ou não, tudo dependendo do que escolhermos observar, com base nos programas que se encontram em nosso subconsciente. Ninguém controla quem é travesso ou bonzinho, para en-

A FÍSICA DO SUCESSO

tão distribuir a punição ou a recompensa adequada. Contudo, não é recomendado seguir o caminho da negatividade, visto que a energia positiva é muito mais construtiva. É também muito mais divertida. Sem mencionar o fato de que atuar com maldade e destruição em mente é um jogo de apostas, visto que, obviamente, é impossível conhecer cada programa, cada crença ou cada atitude do subconsciente. As crenças da maioria das pessoas as impossibilitam de ferir outros deliberadamente e não serem punidas por isso.

De modo inverso, podíamos expressar energia positiva ao ajudar os outros, fazer doações a todas as obras de caridade conhecidas, ser voluntários em hospitais e abrigos para os sem-teto, geralmente agindo do modo como uma pessoa boa e generosa age e, ainda assim, não conseguir aquele emprego que queremos. O que vem é o que se deixa vir, pela própria escolha de observação. Você sempre tem liberdade de escolha, não importa o que fez no passado ou o que aconteceu antes deste momento.

Mesmo tendo feito algo de que se sente muito envergonhado, você pode perdoar a si mesmo totalmente e usar essas técnicas para ter uma vida maravilhosa — a despeito de qualquer fato passado.

10

Dar sentido e fazer a diferença

UMA VEZ TENDO SEGUIDO os passos 1, 2, 3 e usado as técnicas do quarto passo, os resultados devem ser vistos geralmente dentro de 72 horas, ou pelo menos um sinal de que os resultados estão vindo em sua direção. O quinto passo relaciona-se aos resultados e é preciso ficar atento a eles.

Fique aberto aos "sinais", que podem aparecer de vários modos. Um sinal pode ser a letra de uma música no rádio, algo que você observe no jornal, ou alguém lhe dizendo algo. Os sinais podem vir de qualquer direção e a ideia é estar preparado para percebê-los. Quando se está atento a sinais e pistas e à espera deles, é maior a probabilidade de reconhecê-los quando chegarem. Assim que um sinal (ou aquilo que você quer em si) aparecer, é hora de se ocupar com o quinto passo.

Aquilo que você deseja pode ou não aparecer do modo exato como foi planejado. Fique aberto a algo que pode ser até melhor do que aquilo que você inicialmente quis. A coisa desejada pode estar numa forma completamente diferente, ou então pode levar um pouco mais de tempo para se revelar. Lembre-se: cada situação concebível é possível, mesmo desdobramentos que você não consegue conceber, portanto esteja aberto para aceitar aquilo que aparecer.

Quinto passo: Dar sentido e fazer a diferença

Quando conseguir o emprego, o relacionamento ou a cura, reserve alguns instantes e identifique o modo como aquilo veio até você. Pense no que fez para alcançar essa realização. Reconheça que você evocou esse sucesso e analise como o fez. Responsabilize-se! Esse sucesso é seu, portanto apodere-se dele. O que significa obter essa vitória? Para os que têm um relacionamento amoroso com Deus — não importa a fé ou o nome daquele a que você chama de Deus —, esse é o momento de expressar sua gratidão pelo que recebeu.

Enquanto reconhecia o trabalho que fizera na criação e manifestação do tipo de cura física de que necessitava, Curtis também reconheceu que, sem o amor de Deus, aquilo não teria acontecido. A caminho do encontro com a namorada, ele parou o carro, estacionando-o no acostamento da estrada. Fechou os olhos e fez uma prece de agradecimento. "Eu sei o que fiz para visualizar e depois observar essa maravilhosa cura em minha vida e sei que

DAR SENTIDO E FAZER A DIFERENÇA

foi com sua bênção, Deus. Foi seu amor que fez tudo funcionar. Minha saúde em constante melhora é seu presente para mim e eu lhe agradeço."

Pense um pouco no que esse novo sucesso representa para você. De que modo sua vida será diferente agora que você obteve essa vitória e conseguiu o que queria? Qual será a abordagem que você fará na próxima vez que quiser mudar algo em sua vida?

Bridget conseguiu um grande emprego por meio desse processo e estava explodindo de felicidade. Decidiu usar o mesmo método em outras áreas de sua vida também, começando pelo relacionamento com as duas filhas, que já era bom, mas que ela queria tornar ainda melhor.

~

Não entregue seu sucesso

Não entregue o recente sucesso à sua Voz das Trevas, que lhe dirá que você é especial, melhor que os outros e que é o Rei do Mundo metafísico. A Voz das Trevas mente e o separa das outras pessoas. Se você fosse especial e melhor que todo mundo, estaria separado, e não é esse seu objetivo, é? De qualquer modo, você não é especial; só agiu em harmonia com a física quântica, os blocos construtores do Universo. Mas, sem dúvida, você é singular e seu mundo é único. Outras pessoas podem ter universos que se assemelham ao seu em alguns pontos, mas seu mundo é nitidamente só seu.

A FÍSICA DO SUCESSO

Por que não funcionou

Caso se passem três dias e não ocorra resultado algum ou sinal de que seu desejo esteja se materializando, a primeira coisa a fazer é verificar a si mesmo nos três primeiros passos novamente. Tenha certeza de não ter perdido nada. Revise desde o início seu trabalho. Qual era seu grau de confiança em que o processo funcionaria? Lembre-se: é você quem cria a resposta no momento em que a vê ou ouve, portanto, assim que se sentir positivo e confiante — não quando estiver cheio de dúvidas ou cansado após ficar uma hora preso num engarrafamento — retorne aquele importante telefonema. Após verificar minuciosamente que tudo foi feito de modo exato com total dedicação e de que nenhum passo foi pulado (talvez para evitar alguma responsabilidade ou até para tentar abrir um atalho no processo, por exemplo), use uma ou duas das técnicas de manifestação novamente. Pode usar a(s) mesma(s) de antes ou tentar alguma diferente; ou então usar mais de uma técnica dessa vez. Lembre-se: você está reprogramando seu subconsciente e ele pode requerer um pouco mais de atenção do que o previsto no início.

Se as técnicas não funcionarem e você não obtiver os resultados desejados, isso deve significar que alguma outra coisa está acontecendo. O que essa outra coisa é pode ou não ficar aparente de imediato ou em algum ponto do futuro. O Processo dos 5 passos e as técnicas funcionarão. Portanto, se você não conseguir o resultado desejado, ou

DAR SENTIDO E FAZER A DIFERENÇA

seus equipamentos e recursos não estão bem limpos e claros ou há um motivo para que isso não lhe seja benéfico dessa vez. "Qual é o significado disso?", você pode se perguntar. "Haverá algum outro passo que eu desconheça?" Há outra influência sobre a qual não temos controle e pela qual não podemos assumir responsabilidade. O outro poder que pode ter um efeito nesse processo é Deus, geralmente por intermédio de nosso Ser Superior (aquela parte que está mais próxima de Deus). Nosso Ser Superior enxerga todo o quadro e pode ter mais informações sobre o que está lá adiante do que se pode ter ciência. Pode acontecer que o Ser Superior tenha um plano que seja melhor ou totalmente diferente de nosso desejo atual, impedindo que se consiga criar exatamente aquilo em que se trabalhou.

Se isso acontecer, não desanime! Dê um passo para trás e considere as opções possíveis. Veja se consegue perceber por que aquilo pode não ser bom para você neste momento específico.

Jim ficou muito decepcionado ao usar os cinco passos e não conseguir o emprego que realmente queria, uma posição que envolvia coordenar o transporte de grandes sistemas de computação pelo país, do fabricante às localidades dos clientes. Ele não fazia ideia do motivo que o impedira de conseguir o emprego. Ele tivera cuidado de seguir cada um dos passos e tinha certeza de que queria — e verdadeiramente necessitava — essa posição. Uma semana depois de ter perdido o emprego por um triz, ele conseguiu outro muito melhor, um que sequer estivera em seu horizonte antes. O emprego que conseguiu lhe dava muito mais dinheiro e maior potencial de crescimento. Além disso, vários meses depois, ele leu no jornal que a empresa para a qual desejara trabalhar falira e estava demitindo todo o pessoal. Ele percebeu que, apesar da mão recebida de seu Ser Superior para conseguir o emprego certo, o trabalho que fizera havia sido fundamental no processo.

Lembre-se de que a responsabilidade é sua. Não é simplesmente passada a seu Ser Superior.

~

O motivo para que Marianne não conseguisse um emprego específico nunca ficou aparente. Ela fizera a entrevista para a posição e a desejava: o salário e os benefícios eram ótimos e, mesmo que o trabalho não fosse desafiador nem interessante, ela achava que lhe daria a segurança almejada. A organização contratou outra candidata. Vários meses depois, o mesmo grupo a chamou para outra entrevista. Parecia que a pessoa anteriormente contratada acabara de passar para outra área e eles queriam falar com as quatro primeiras candidatas da primeira seleção.

Ao perceber que estava tendo uma segunda chance para fazer as coisas direito, Marianne sacou todas as suas notas e começou o Processo dos 5 passos desde o início. Passou por cada um deles com o máximo de cuidado e

DAR SENTIDO E FAZER A DIFERENÇA

honestidade. Bem preparada e impecavelmente vestida, ela chegou antes da hora marcada. Dessa vez, percebeu que não havia gostado do encarregado pelo departamento e viu que os escritórios não eram muito agradáveis. No encontro, o chefe do departamento lhe perguntou se ela estava ciente de ter apenas uma em quatro chances de ser contratada. Educadamente, ela respondeu que sim, embora quisesse dizer que isso só seria verdadeiro se eles estivessem usando um método de seleção ao acaso para escolher o novo funcionário. Mais uma vez, ela não conseguiu o emprego! Embora a verdadeira razão para não ter sido contratada nunca tenha ficado completamente óbvia, anos depois ela reconheceu o fato de que o emprego não teria sido o certo. Olhando para trás, viu claramente que o emprego logo se tornaria entediante; ela não teria gostado de trabalhar com o chefe e não teria permanecido lá.

Lembre-se: não há garantias. O Processo dos 5 passos realmente funciona e, quando não produz os resultados desejados e a pessoa foi honesta consigo mesma e meticulosa em seu trabalho durante todo o processo, é hora de desconfiar de que algo mais está acontecendo — algo que podia estar obscuro na hora e que talvez nunca se saiba com certeza. Se o motivo pela não realização do desejo não ficar aparente, é provável que não seja importante saber naquele momento específico.

Nada é perfeito e, como outras atividades humanas, esses passos não podem oferecer perfeição. Caso não consiga o que quer, confie. Saiba que, se você cumpriu os cinco passos com toda sinceridade e ainda não obteve resultado, talvez algo melhor esteja vindo, algo que talvez nem esteja no horizonte ainda.

Física quântica, Deus e espiritualidade

Como será que a física quântica e o modo mágico como ela funciona se encaixam em seu conceito de Deus e espiritualidade? Algumas pessoas acreditam que tomar uma atitude para conseguir o que querem é pecado; de fato, algumas religiões ensinam que até desejar algo já é pecado. Ao mesmo tempo em que desejar pode ser pecado segundo essas religiões, faz parte da condição humana querer mais, querer melhor, tanto para nós mesmos quanto para aqueles que amamos. Desejar é natural, mesmo que apreciemos o que já possuímos. O fato de termos tomado café da manhã não significa que não vamos querer jantar também.

O que estamos fazendo é trabalhar com um sistema de manifestação criado por Deus, se é assim que você prefere pensar. O fato de que a maioria das pessoas não esteja ciente do sistema não as torna antirreligiosas! Você pode acreditar num Deus de qualquer nome e, ainda assim, usar o Processo dos 5 passos para criar um mundo melhor para si mesmo, para os que ama e para todos os outros também. Na verdade, creio que os passos funcionam por conta do amor e das bênçãos de Deus.

DAR SENTIDO E FAZER A DIFERENÇA

No plano espiritual, a energia positiva — que é essencialmente amor e se relaciona a Deus, seja qual for o nome que você usa para se referir a Ele — é mais poderosa que a energia negativa. Portanto, só precisamos de uma pequena quantidade de energia positiva para interromper a negatividade da intenção maléfica.

Embora os heróis do voo 93 da United, durante o ataque do 11 de Setembro, não tenham conseguido se salvar, eles derrotaram os terroristas e frustraram seus planos. Naquele terrível dia, em 2001, não foi apenas porque os passageiros estavam em maior número que os terroristas não foram bem-sucedidos; foi porque cada um dos heróis naquele avião fez uma escolha positiva. Ao saberem da destruição do World Trade Center, depois que o próprio avião em que estavam fora sequestrado, eles decidiram que não permitiriam outra explosão desastrosa ao modo de vida americano. Eles podem ter tomado aquela decisão de modo consciente — como os que realmente controlaram os terroristas — ou de modo subconsciente pelo próprio apoio emocional. Tudo indicava que o voo 93 se encaminhava para Washington D.C., tendo por alvo o Capitólio ou a Casa Branca, onde teria matado mais gente inocente e possivelmente causado atraso na administração do governo (se senadores ou deputados fossem feridos ou mortos, as eleições para escolher substitutos poderiam levar semanas ou meses). Por suas escolhas e ações, aqueles passageiros se recusaram a permitir outra catástrofe; não se deixariam ser usados para desígnios tão

A FÍSICA DO SUCESSO

malignos. Além disso, escolheram dominar os terroristas numa zona rural em que ninguém lá embaixo seria ferido, mesmo que não pudessem salvar as próprias vidas.

Creio que o resultado do voo 93 não poderia ter sido outro, mesmo que só houvesse uns poucos passageiros envolvidos na insurreição, porque sua feérica determinação de energia positiva era mais forte do que a energia destrutiva, negativa e maléfica dos terroristas.

Outro exemplo é a inspiradora história do retorno seguro dos astronautas da Apollo 13, depois que uma explosão danificou seriamente a nave espacial durante a tentativa fracassada de chegar à Lua. Mesmo havendo literalmente milhares de pessoas trabalhando para salvar os três homens, creio que foi a autêntica vontade positiva de Gene Krantz, diretor de voo da NASA (papel interpretado por Ed Harris no filme *Apollo 13*, dirigido por Ron Howard em 1995), que foi fundamental para trazê-los de volta sãos e salvos. Numa entrevista, o Sr. Krantz comentou ter gostado do modo como Ed Harris retratou o personagem, especialmente ao mostrar que a responsabilidade não fora passada adiante, uma descrição adequada da responsabilidade do diretor de voo. "Fracasso não é uma das opções, pessoal", é sua fala mais famosa no filme. A firme decisão de Gene Kranz de que aqueles homens retornariam salvos — diante de problemas aparentemente insuperáveis — foi o que levou todos os outros a apresentar as mais complexas e inovadoras soluções para enfrentar obstáculos incrivelmente desa-

Dar sentido e fazer a diferença

fiadores. O sucesso dessa corrida irrefletida para salvar os astronautas pode lembrar qualquer um que conheça a história de que qualquer coisa é possível; e foi a vitória (que eles chamaram de "fracasso bem-sucedido", pois a missão para chegar à Lua fracassou, mas os astronautas retornaram a salvo) que a tornou uma história tão emocionante e edificante.

Quando se constrói um arco arquitetônico, a pedra no centro da curva é chamada de pedra angular. É o que segura todo o arco. Sem ela, o arco não se sustentaria. Como diretor de voo, Gene Kranz era o líder e creio ter sido sua única e inflexível escolha, sua visão de que os homens não pereceriam, que cercou e unificou o desejo de todos os outros; ele foi a pedra angular do resgate.

~

Barbara, que mora na região da baía de São Francisco, usou os cinco passos durante o protesto na Praça da Paz Celestial em 1989, na China. Ela visualizou três vezes que os soldados não iriam ferir os estudantes durante o protesto. Após cada uma dessas visualizações, os soldados recuaram, permitindo que os estudantes prosseguissem. Mas a notícia que leu em seguida a informou da tragédia que acabou com a manifestação. Lembre-se de que não podemos saber de tudo. A atitude dessa mulher fez diferença e funcionou três vezes, assim como funciona cada vez que as pessoas leem sobre esses encontros pacíficos em meio a tumultos. O fato de não ter solucionado a crise por completo não desmerece o sucesso alcançado.

Física para fazer tudo funcionar melhor

O que a física quântica mostra é que materializamos nosso próprio mundo ao observá-lo. Ao assumir a responsabilidade por esse fato, podemos mudar o que lá está, podemos eliminar o indesejado, criar e revelar o que queremos. Nosso poder de observação se baseia em nossas crenças, atitudes, pensamentos e sentimentos, decisões e escolhas, pelos quais somos totalmente responsáveis.

O experimento de Young nos mostrou que o mundo se constitui de ondas de energia e Einstein demonstrou que o mundo existe em forma de partículas de substância. Como vimos, ambas as afirmações são verdadeiras. Juntos, os experimentos provam que, até observarmos, o mundo só existe como ondas de energia e, após nosso testemunho, o mundo individual, pessoal, torna-se "real", solidifica-se em nossa própria realidade física. Apesar das muitas semelhanças sobrepostas, o seu mundo e o meu podem diferir de modo significativo. Todos nós conhecemos pessoas que veem o copo como meio cheio, enquanto outras o percebem como meio vazio. Como aprendemos com o *quantum*, são suas próprias escolhas, decisões, pensamentos, sentimentos, atitudes e crenças que afetam não só sua maneira de ver o mundo, mas também o modo

DAR SENTIDO E FAZER A DIFERENÇA

como ele realmente se desenrola diante de seus olhos: você cria o modo e o que ele realmente é.

Portanto, antes da observação, seu mundo físico consiste de ondas de energia, detendo todas as possibilidades e sendo capaz de permitir que qualquer coisa possível aconteça. Os cientistas conseguem até prever a probabilidade de cada uma dessas ocorrências. Uma vez que as observemos, solidificamos as ondas de energia, com todas as suas possibilidades e probabilidades, num único ponto ou partícula de substância que se torna algo real em nosso mundo.

É tudo com você

O segredo e o poder é que tudo depende de você.

Se você escolher achar que tudo que consta neste livro não passa de um delírio absurdo ou que a física quântica é uma ciência de probabilidade estatística que de maneira alguma reflete o modo de funcionamento do mundo, então assim será. Na verdade, se preferir, você certamente pode viver como se o determinismo, ou destino, estivesse vivo e passando bem. Muita gente leva a vida desse modo. Você pode permitir que suas crenças, atitudes, pensamentos, sentimentos, decisões e escolhas não examinadas continuem criando a substância de seu mundo. Se escolher, poderá se ver sempre à mercê de um mundo externo, o qual não consegue afetar. Você pode se recusar a acreditar que a falta de consciência permite que antigos programas em seu subconsciente criem sua vida.

~

Como exploramos aqui, a outra opção disponível é assumir honestamente a responsabilidade por si mesmo, por sua vida e seu mundo. Escolha acreditar que esse processo funcionará, tendo ou não compreensão da ciência por trás disso, e ele irá funcionar.

> *As pessoas que escolhem ver a si mesmas como vencedoras ganham os prêmios na vida. Escolha você também ser um vencedor e ganhar os prêmios.*

Com responsabilidade, o que você observa e cria será diferente do que era antes de ter consciência. Com novas crenças, vêm novas e diferentes atitudes, novos pensamentos e sentimentos, um futuro mais brilhante do que foi previamente imaginado para si mesmo e para aqueles que ama.

O resultado pode mudar e seu mundo será diferente. Tudo depende de você.

Só há duas maneiras de levar a vida:
Uma é como se nada fosse um milagre.
A outra é como se tudo fosse.

— *Albert Einstein*

O Processo dos 5 passos para uma vida quântica

1) Assumir a responsabilidade — 16
2) Investigar e eliminar — 66
3) Projetar e criar — 98
4) Observar e dar forma — 133
5) Dar sentido e fazer a diferença — 154

Glossário

Bohr, Niels: fundou o Instituto de Física Teórica em Copenhagen; debateu conceitos com Einstein, descobriu que as entidades subatômicas saltam de elevados estados de energia para baixos estados de energia e, com Werner Heisenberg, criou a Interpretação de Copenhagen da física quântica.

Causal: conceito newtoniano de que há uma razão previsível, objetiva e lógica para cada ação e reação física no mundo.

Determinismo: uma filosofia fatalista da vida que emergiu dos princípios de movimento de Isaac Newton. O determinismo diz que toda a vida foi pré-determinada e só pode seguir um curso fixo de ação.

Dualidade onda/partícula: entidades subatômicas que existem como ondas de energia ou partículas de subs-

A FÍSICA DO SUCESSO

tância, um aparente paradoxo fundamental na física
quântica: se e quando as observamos, as ondas de energia se tornam partículas de substância em nossa realidade física.

Einstein, Albert: ajudou a descobrir o *quantum* em seu
experimento vencedor do Prêmio Nobel, que provava serem os fótons partículas; mais tarde, sentiu-se desconfortável com a natureza probabilística do *quantum* e nunca
aceitou completamente a física quântica.

EPR: o artigo Einstein-Rosen-Podolsky, publicado na *The
Physical Review* em 1935, intitulado "Será que a descrição
da realidade física pela mecânica quântica pode ser considerada completa?", questionava a validade da física quântica.

Espiritualidade: o relacionamento de uma pessoa com
Deus.

Everett, Hugh: criou a Interpretação de Muitos Mundos
para o experimento imaginário do gato de Schrödinger.

Física quântica: o estudo das entidades subatômicas.

Fóton: palavra usada por Einstein para as pequenas quan-
tidades, ou *quanta*, de luz reunidas; fótons são partículas
de luz.

Heisenberg, Werner: criou o Princípio da Incerteza, afir-
mando que não se pode medir simultaneamente a posição
e o *momentum* das partículas quânticas; mais tarde, com

GLOSSÁRIO

Niels Bohr, ele foi providencial para o desenvolvimento da Interpretação de Copenhagen para a física quântica.

Interpretação de Muitos Mundos: a teoria formulada por Hugh Everett ao experimento imaginário do gato de Schrödinger. Afirma que os resultados são diferentes para cada pessoa, à medida que ela cria o próprio universo ou mundo.

Metafísica: qualquer coisa acima, além ou fora da realidade física — que é percebida apenas pelos cinco sentidos.

Planck, Max: primeiro físico a cunhar o termo *quanta*, referindo-se às partículas de substância que ele acreditava serem os constituintes do mundo físico.

Princípio da Incerteza: a descoberta de Heisenberg de que não se pode simultaneamente medir a localização e o *momentum* de um objeto no *quantum*.

Quanta: o termo de Max Planck para as mínimas partículas de substância que formam nosso mundo.

Saltos quânticos: saltos espontâneos que um elétron faz, indo de um estado energético a outro, mais baixo. Os saltos quânticos continuam até que o elétron tenha alcançado seu estado básico, o estado energético mais baixo possível.

A FÍSICA DO SUCESSO

Schrödinger, Erwin: físico quântico que trabalhou com probabilidades e sobreposições de onda-partícula. Criador do famoso experimento imaginário do gato numa caixa de chumbo, que recebeu seu nome.

Sobreposição: estado no qual o resultado é desconhecido e diversas possibilidades existem simultaneamente.

Visualização: o uso da imaginação para evocar uma figura mental, com sentimentos correspondentes sobre algo que não está fisicamente presente.

Visualização Guiada: um tipo de meditação em que o participante é orientado, geralmente com um propósito específico, como a cura.

Young, Thomas: seu experimento com a luz provou que ela opera como onda.

Bibliografia

FEYNMAN, Richard. *Física em seis lições*. Rio de Janeiro: Ediouro, 1999.

FORD, Kenneth. *The Quantum World: Quantum Physics for Everyone*. Cambridge e Londres: Harvard University Press, 2004.

GAWAIN, Shakti. *A visualização criativa pode mudar sua vida*. Rio de Janeiro: Sextante, 2002.

GOSWAMI, Amit. *O universo autoconsciente*. São Paulo: Aleph, 2007.

JONES, Roger. *Physics for the Rest of Us*. Chicago: Contemporary Books, 1992.

LAZARIS. *Lazaris Interview Book I*. Beverly Hills: Concept Synergy Publishing, 1988.

LAZARIS. *Discovering Your Subconscious*, audiocassette, www.lazaris.com

O'MURCHU, Diarmuid. *Quantum theology: Spiritual Implications of the New Physics*. Nova York: Crossroads Publishing, 2004.

POLKINGHORNE, John. *Quantum Theory: A Very Short Introduction*. Nova York: Oxford University Press, 2002.

WOLF, Fred Alan. *Taking the Quantum Leap: The New Physics for Non-Scientists*. Nova York: Harper & Row, 1981.

ZUKAV, Gary. *The Dancing Wu Li Masters, An Overview of the New Physics*. Nova York: Perennial Classics, 2001.

Este livro foi composto na tipologia GoudyOlSt BT,
em corpo 12/16,95, impresso em papel off-white 80g/m²,
no Sistema Cameron da Divisão Gráfica
da Distribuidora Record.